Hanne Egghardt
Sisi's Kinder

Hanne Egghardt

Sisi's Kinder

Leben im Schatten einer exzentrischen Mutter

K&S

Besonderer Dank gilt Marina Watteck für ihre Hilfe bei den Recherchen.

Bildquellennachweis

IMAGNO/ÖNB
S. 11, 15, 17, 21, 29, 41, 45, 49, 51, 57, 61, 64, 69, 73, 79, 81, 83, 85, 95, 111, 115, 119, 122, 125, 129, 131, 133, 137, 143, 147, 151, 161, 168, 169, 171, 181, 185, 189, 191, 193, 199, 201, 209, 211, 212, 215.
IMAGNO/Schloß Schönbrunn Kultur- und Betriebsges.m.b.H.,
Fotograf: Sascha Rieger
S. 19, 105.
IMAGNO/Öst. Volkshochschularchiv
S. 23.
IMAGNO/Austrian Archives (AA)
S. 33.
Bayerische Staatsbibliothek München/Porträtsammlung
S. 91, 99, 103.

www.kremayr-scheriau.at

ISBN 978-3-218-00825-9

Schutzumschlaggestaltung: Kurt Hamtil
Fotos auf dem Schutzumschlag: Imagno/Austrian Archives
Typografische Gestaltung: Ekke Wolf, typic.at
Lektorat: Doris Schwarzer
Druck und Bindung: CPI Moravia Books, Pohořelice

Inhalt

Sisi und Franz Joseph – eine Liebesgeschichte

Im Jahr 1837 fiel der Heilige Abend auf einen Sonntag. Im »Max-Palais« an der Münchner Ludwigstraße herrschte knisternde Spannung. Aber nicht wegen des bevorstehenden Weihnachtsfestes, sondern weil Herzogin Ludovika in den Wehen lag. Um 22 Uhr 43 schließlich war es so weit. Ein gesundes Mädchen erblickte das Licht der Welt. Die zahlreichen hochrangigen Damen und Herren, die sich aus Anlass des freudigen Ereignisses in den Räumen der Herzogin drängten, konnten erleichtert aufatmen. Und als ihnen die Hebamme das entzückende Neugeborene zeigte, das wenig später auf den Namen Elisabeth getauft wurde, waren sie sich einig: Dieses Kind war ein Weihnachtsgeschenk des Himmels. Ein richtiges Sonntagskind und überdies ein besonderer Glücksfall – es hatte bei seiner Geburt bereits einen winzigen Zahn im Mund.

Ein ungleiches Elternpaar

Elisabeth war die zweite Tochter des Herzogspaares Maximilian Joseph und seiner Kusine zweiten Grades, Ludovika. Im Jahr 1799 hatte der damalige Kurfürst und spätere König Maximilian I. seinem aus der Nebenlinie Birkenfeld-Gelnhausen des Hauses Wittelsbach stammenden Vetter, dem Vater von Herzog Max, die Würde eines Bayernherzogs verliehen. Um der älteren und stolzeren Linie den Wert ihres Titels »Herzog von

Bayern« nicht zu schmälern, sollte er sich »Herzog in Bayern« nennen.

Mit diesem Titel hatte Herzog Max auch viele der Charaktereigenschaften geerbt, die das Geschlecht der Wittelsbacher prägten. Wie zahlreiche seiner Vorfahren, die immerhin seit sieben Jahrhunderten in Bayern herrschten, liebte er die Künste und die Poesie, die Wissenschaften und die Musik, setzte sich großzügig über Konventionen hinweg, lehnte Verantwortung so oft wie möglich ab und kultivierte genüsslich seine »unruhige Flugvogelnatur«.

Nach dem Tod seiner Mutter, Amalie Luise von Arenberg, war Herzog Max in den Besitz eines beträchtlichen Vermögens gekommen. Dieses Erbe, das neben Besitzungen in Frankreich auch ein Palais in Paris umfasste, verschaffte ihm hohe Einkünfte. So konnte er unbelastet von Verpflichtungen, Ämtern oder staatstragenden Funktionen ein freies und ungebundenes Leben führen. Lustig und fidel, viel auf Reisen, den Damen jeglichen Standes zugetan und jederzeit offen für ihre Reize. Dass er weder als Dramatiker noch als Dichter – er schrieb seine Verse unter dem Pseudonym Phantasus – kaum über das Mittelmaß hinauskam, störte ihn wenig. Er fühlte sich als Künstler, liebte die Gesellschaft von Musikern und Poeten, scharte einen illustren Kreis von fröhlichen, geistsprühenden Menschen um sich, gab große Feste oder zog in München nächtelang um die Häuser. Wirkliche Meisterschaft erlangte er im Zitherspielen und im Kunstreiten. Ohne sein Lieblingsinstrument verreiste der »Zither-Maxl« nie. So kam die Spitze der Cheops-Pyramide einmal sogar in den Genuss bayrischer Schnadahüpfl.

Das neue Palais, das sich der lebenslustige und bei der Bevölkerung überaus beliebte Herzog an der Münchner Ludwigstraße erbauen ließ, war ganz auf gesellschaftliche Vergnügungen ausgerichtet. Das »Café chantant« versprach Amüsement nach Pariser Vorbild, und in dem riesigen, mit einem 44 Meter langen, höchst freizügig gestalteten Fries geschmückten Tanz-

Herzog Maximilian in Bayern, auch bekannt als »Zither-Maxl«, liebte die Kunst und das Spiel und inspirierte damit seine Kinder, allen voran Sisi. Die Phantasiezeichnung zeigt Sisi, Franz Joseph und Max auf dem Starnberger See vor Possenhofen.

saal konnte eine ausgesuchte Gesellschaft nächtelang durchtanzen. Und in der hauseigenen Zirkusarena mit Reitbahn führte der Herzog seine Reitkünste vor und unterhielt sein Publikum mit Reiterquadrillen, Pantomimen, tollen Clownerien und wilden Parforcejagd-Szenen.

Der Fluch der Ehe

Herzogin Ludovika war aus einem ganz anderen Holz geschnitzt. Die siebente Tochter von Maximilian I. Joseph, dem ersten König von Bayern, hatte schon im Alter von vier Jahren mit ihren Geschwistern am bayrischen Hofleben teilzunehmen und Theaterbesuche zu absolvieren, die Kinder sollten früh an die Etikette gewöhnt werden. Zu einem jungen, energischen Mädchen herangewachsen, soll sich Ludovika in Don Miguel verliebt haben, einen portugiesischen Prinzen aus dem Haus Bragança. Mit der Begründung, seine Aussicht, jemals einen Thron besteigen zu können, sei gleich null, lehnte ihr königlicher Vater diese Verbindung jedoch ab. Er hatte mit seiner Tochter andere Pläne. Da Ludovikas jüngste Schwester Maximiliane, die von frühester Kindheit an dem Herzog Max versprochen war, früh verstarb, sollte sie ihre Stelle einnehmen. Ludovika protestierte heftig. Max hingegen war die Verbindung recht. Er fand, die Ehe mit einer Kusine, die er von Kind auf kannte, sei weniger anstrengend als die Verbindung mit einer gänzlich unbekannten Frau.

Im Juni 1828 wurde Don Miguel zum König von Portugal – zu diesem Zeitpunkt war Ludovika aber bereits mit Herzog Max verlobt. Jetzt kränkte die ehrgeizige Ludovika zutiefst, dass sie die einzige der sieben Schwestern war, die keinem königlichen Prinzen angetraut wurde. Der königliche Vater versuchte Ludovika den Schritt in die Ehe zu versüßen, indem er ihrem Gatten und den Nachkommen den Titel »Königliche Hoheit« verlieh. Das war aber nur ein schwacher Trost. Als das Paar im September 1828 heiratete, soll die zu diesem Zeitpunkt noch leidenschaftliche und angriffslustige Ludovika beim Werfen des Brautstraußes diese Ehe und alles, was daraus hervorgehe, verflucht haben. Später machte das Gerücht die Runde, dass sie ihren frisch angetrauten Mann in der Hochzeitsnacht aus Wut sogar in einen Schrank gesperrt haben soll.

Trotz dieses nicht wirklich rosigen Auftaktes entwickelte sich die Ehe überaus fruchtbar. Dem Paar wurden insgesamt zehn Kinder geboren. Im Juni 1831 kam Ludwig zur Welt, »Louis«. Er verzichtete später auf sein Erstgeborenenrecht, heiratete die bürgerliche Schauspielerin Henriette Mendel und wurde 1858 Vater der späteren Marie Louise von Larisch-Wallersee, die als »jene Gräfin Larisch« aufgrund ihrer Mitwisserschaft um die Tragödie von Mayerling in die Geschichte einging. Der im Dezember 1832 geborene Sohn, Wilhelm Karl, überlebte nur wenige Wochen. Im April 1834 kam die erste Tochter zur Welt, Helene, »Nené«, und am Heiligen Abend 1837 schließlich Elisabeth, »Sisi«. Auf die ersten vier Kinder folgten sechs weitere. 1839 wurde Karl Theodor geboren, »Gackel«, er wurde später Augenarzt, 1841 Marie Sophie, die spätere Königin von Neapel-Sizilien, 1843 die zarte Mathilde Ludovika, »Spatz«, 1845 Maximilian, der noch am Tag seiner Geburt verstarb, 1847 Sophie Charlotte, die spätere Herzogin von Alençon, die 1897 in Paris beim Brand des Bazar de la Charité ums Leben kam, und 1849 als Schlusslicht Maximilian Emanuel, »Mapperl«.

Possenhofen, ein Kinder-Paradies

Max behandelte seine Gattin mit höflicher, respektvoller Gleichgültigkeit, und Ludovika ließ dem leutseligen, vor Lebenslust förmlich sprühenden Herzog, der gerne in Lederhosen auftrat, sein eigenes Leben, verzieh ihm seine Seitensprünge, hatte zu akzeptieren, dass mit der Zeit eine ganze Schar unehelicher Kinder heranwuchs, und lächelte mild zu seinen Eskapaden und Schrullen. Dass er eine Tafelrunde von 14 Rittern gründete, der er als König Artus vorstand und in der fleißig gedichtet und noch fleißiger getrunken wurde, interessierte sie nur am Rande. Was für sie zählte, war die rasch wachsende Familie, für die der Herzog 1834 als Sommerresidenz Schloss Possenhofen am Starnberger See erwarb.

Ludovika entwickelte sich im Laufe ihrer Ehe konträr zu ihrem Zither spielenden und jodelnden Mann. Während er praktisch immer in geselligem Kreis unterwegs war und auch weite Reisen unternahm, resignierte sie zunehmend. Aus dem stolzen und trotzigen Wildfang von einst wurde eine bescheidene, zurückgezogene Frau und Mutter, der es in erster Linie um das Wohl ihrer Familie ging und die ihre Kinder auch selbst erzog, was damals in aristokratischen Kreisen selten der Fall war. Die katholische Religion hatte bei der nach eigenen Worten »angeprotestantelten« Herzogin keinen allzu großen Stellenwert. Die Etikette, mit der sie als Kind gedrillt worden war, legte sie restlos ab. Dass Ludovika während der Mahlzeiten ihre Lieblingshunde, weiße Spitze, am Schoß sitzen hatte, sie bei Tisch fütterte und sie bei dieser Gelegenheit auch gleich von ihren Flöhen befreite, war ganz normal. Das Personal hatte lediglich darauf zu achten, die Speiseteller mit den Flöhen rasch zu entfernen.

Für Sisi und ihre Geschwister bedeutete dieser Lebensstil, dass sie unbekümmert und frei aufwachsen konnten. Eine wilde Rasselbande, eng zusammengeschweißt, die im Winter durch das »Palais Max« in München und im Sommer durch Schloss und Garten von »Possi« tobte, und mit der die Lehrer ihre liebe Not hatten: Das Lernen war die Stärke von keinem der Kinder. Besonders Sisi war schwer zu bändigen. Sie mussten die Lehrer förmlich an ihren Stuhl festbinden. Das Resultat war, dass sie mit zehn Jahren weder schreiben noch rechnen konnte.

Allen Kindern war gemeinsam, dass sie abgöttisch an ihrem Vater hingen. Sie sahen ihn zwar nicht oft, und selbst wenn er von einer längeren Reise zurückkam, führte ihn sein erster Weg nicht zu den Kindern. Auf die Frage, ob sie ihren Vater nach seiner Rückkehr schon gesehen hätte, antwortete Sisi einmal: »Nein, aber ich habe ihn pfeifen gehört.« Wenn er

Ludovika, Herzogin in Bayern, mit einem ihrer Lieblingshunde. Die ungezwungene Atmosphäre im Elternhaus Sisi's ermöglichte es, dass die Spitze sogar bei Tisch gefüttert und liebkost wurden.

dann aber da war, gab es keinen Unfug, den er mit seinen Kindern nicht getrieben hätte. Da kam es vor, dass er mitten in die Unterrichtsstunden hineinplatzte und die Kinder unter lautem Geschrei entführte, um die Obstbäume in den Nachbarsgärten zu plündern. Mit Genuss brachte er ihnen bei, wie man ohne Sattel ritt, tanzte mit ihnen wild durch die Gegend oder veranstaltete im Winter Schneeballschlachten in den Straßen Münchens.

Schöne Nené und wilde Sisi

Während sich bei Nené schon früh abzeichnete, dass sie einmal eine ausgesprochene Schönheit werden würde, wirkte Sisi lange wie ein Bauernmädchen. Sie hatte ein rundes, nahezu derbes Gesicht, dichtes braunes Haar und leicht schräg stehende, braune Augen, die wie bei ihrem Vater einen leicht gehetzten, schuldbewussten Ausdruck annahmen, sobald sie kritisiert wurde. Anders als die schon in frühen Jahren mürrische und herrische Nené hatte Sisi jedoch Charme, konnte sich gut einschmeicheln und wurde daher von den Geschwistern auch immer vorgeschickt, wenn es bei der Mutter etwas durchzusetzen galt.

In Possenhofen war Sisi in ihrem Element. Da hatte sie ihre Ponys, Kaninchen und Meerschweinchen und konnte nach Herzenslust herumtollen. In München war es ihre größte Freude, von ihrem Vater auf der Reitbahn in der Hohen Schule unterrichtet zu werden. Die Freude und die Lust an der Bewegung war aber nur die eine Seite ihres Charakters. Die andere war, dass Sisi mehr Phantasie hatte als ihre Geschwister. Sie war empfänglich für die Schönheiten ihrer Umgebung, liebte die Romantik im München König Ludwigs, die Melancholie des herbstlichen Starnberger Sees, das verschneite Possenhofen und um Weihnachten, das sie wegen ihres Geburtstages am Heiligen Abend immer als »ihr« Fest betrachtete, die Behaglichkeit der Kachelöfen und den Duft nach Bratäpfeln. Sie sog Sagen und Legenden förmlich in sich auf und ließ die marmornen Götterstatuen und Figuren in den Parks und Grotten der Residenzstadt zum Leben erwachen. Ihre Sehnsüchte und Ängste fasste sie früh in Verse, die sie in ein kleines, samtbezogenes Büchlein notierte.

Ludovika machte sich schon früh Gedanken darüber, wie sie ihre fünf Töchter möglichst gut verheiraten könnte. Besonders für Nené, ihre Älteste, schmiedete sie Pläne, und das gemeinsam mit Sophie, ihrer Schwester.

Die 15-jährige Sisi vor Schloss Possenhofen am Starnberger See, ihrer bayrischen Heimat.

Sophie, Ludovikas Schwester, war 18 Jahre alt, als am Münchner Königshof ein ernsthafter Heiratskandidat auftauchte: Erzherzog Franz Karl, der zweite Sohn des regierenden Kaisers Franz II. (I.). Eine rasche Heirat war zu diesem Zeitpunkt das Letzte, an das die junge und hübsche Prinzessin dachte. Sie genoss das Leben am bayrischen Königshof, liebte ihre Mutter und ihre eineiige Zwillingsschwester Marie innig, und konnte sich nur schwer vorstellen, sie zu verlassen. Und als der »Kandidat« dann im Mai 1824 erstmals persönlich in Tegernsee erschien, war ihr Entsetzen überhaupt groß: Er war ein freundlich grinsendes, linkisches Männchen, das auf seinem zu kurz geratenen Körper einen gewaltig in die Höhe gezogenen Turmschädel trug. Noch schlimmer als sein Erscheinungsbild war seine Konversation. Er war nicht wirklich geistesschwach, sondern einfach nur schwach. Er wusste von nichts anderem zu reden als von der Jagd, benahm sich tollpatschig und errötete bei jeder Gelegenheit – die perfekte Katastrophe.

Sophie hoffte inständig, ihre Familie würde die Heiratspläne fallen lassen. Das Gegenteil aber trat ein. Sophies Vater, König Maximilian I. Joseph, war ein überaus ehrgeiziger Mann. Sein Geschlecht, die Wittelsbacher, regierte bereits über 700 Jahre in Bayern, sie waren als Herrschergeschlecht älter als die Habsburger, zur Königskrone aber hatte ihnen erst Napoleon verholfen. Maximilian Joseph hatte sich 1809 eifrig an den Raubzügen des Sarden in Tirol und Vorarlberg beteiligt, und das war nicht unbelohnt geblieben. Ein Glücksfall war es allerdings, dass er die Krone auch nach dem Fall des Emporkömmlings behalten konnte. Umso wichtiger war es ihm, eine Heiratspolitik zu betreiben, die es ihm erlaubte, die Position Bayerns zu stärken. Seine Tochter Karolina Augusta hatte er bereits an Kaiser Franz II. (I.) nach Wien verheiratet, eine andere Tochter heiratete den Kronprinzen von Sachsen, eine dritte den Kronprinzen von Preußen. Da schien es ihm

Franz Karl, Erzherzog von Österreich. Stahlstich mit eigenhändiger Unterschrift, um 1850. Er verstand es, seine umtriebige Frau zu verwöhnen und sich dadurch ihren Respekt zu sichern.

mehr als nur opportun, auch seine Tochter Sophie an einen Habsburger zu verheiraten. Rückhalt für diesen Plan fand er bei seiner Frau.

Sophies Mutter kalkulierte, Erzherzog Franz Karl sei eine der besten Partien Europas. Der regierende Kaiser war zu diesem Zeitpunkt bereits alt. Sein ältester Sohn, Ferdinand, war ein Epileptiker, geistesschwach und erbenlos, Franz Karl stand an zweiter Stelle der Thronfolge. Zumindest physisch schien er gesund zu sein, das ließ die Hoffnung zu, dass Sophie bald einen Kronprinzen zur Welt bringen könne – und damit sei schon viel gewonnen.

Sophie weinte nächtelang durch. Dann fügte sie sich in ihr Schicksal und nahm den Heiratsantrag an. Begleitet von ihrer Familie reiste sie im Spätherbst 1824 nach Wien, wo die Trauung am 4. November stattfinden sollte.

Bald geschah das völlig Unerwartete: Erzherzog Franz Karl gelang es, das Herz seiner jungen Braut zu erobern. Er las ihr jeden Wunsch von den Augen ab, überhäufte sie mit großen und kleinen Geschenken und erwies sich als liebenswerter Partner. Sophie begann, Franz Karl zu respektieren und zu schätzen. Und so sollte es auch bleiben. Sie umsorgte und pflegte ihren Ehemann liebevoll. Und dieser sah später auch großzügig über ihre »Romanzen« hinweg. Hellmut Andics: »Nun gab es am Wiener Kaiserhof in den ersten Jahren von Sophies Ehe auch tatsächlich zwei junge Herren, die sowohl äußerlich wie auch geistig alle jene Vorzüge besaßen, die den beiden Söhnen des Kaisers in überreichem Maße abgingen. Zwei Prinzen wie aus dem Märchenbuch; jung, intelligent; zwei strahlende Erscheinungen, die das Herz höchster und allerhöchster junger Damen schneller schlagen lassen mußten.«[1] Beide seien in Sophie verliebt gewesen, und beide machten aus ihrer Schwärmerei kein Geheimnis.

Der eine dieser beiden jungen Herren war Gustav Wasa, ehemals Kronprinz von Schweden, der als Emigrant am Wiener Hof lebte. Der zweite war Franz Josef Karl, Herzog von Reichstadt, der Sohn Napoleons. Er war erst 13 Jahre alt, als Sophie nach Wien kam, aber er vergötterte die hübsche und temperamentvolle Wittelsbacherin vom ersten Augenblick an. Und diese zeigte sowohl ihm als auch Gustav Wasa ihre Zuneigung völlig offen, indem sie mit beiden oft und gerne Theater besuchte und Nächte durchtanzte. Der Vergleich mit dem plumpen und linkischen Franz Karl ließ beide jungen Männer noch strahlender und attraktiver erscheinen – und das gab dem Hofklatsch gehörig Auftrieb. Hinter vorgehaltener Hand wurden Sophies zwei erste Söhne sogar die »Wasa-Buben« genannt, und vom dritten behaupteten böse Zungen

Erzherzogin Sophie (rechts) mit ihrer Zwillingsschwester Marie. Die hübsche bayrische Prinzessin empfand die bevorstehende Heirat mit Erzherzog Franz Karl als Bestrafung – umso erstaunlicher, dass die Ehe innerhalb kurzer Zeit äußerst harmonische Züge annahm.

sogar, er sei ein Sohn des Herzogs von Reichstadt. Beweise für Sophies angebliche Seitensprünge tauchten allerdings nie auf.

Die Mutter der „Salzprinzen"

Dass Sophie dank ihres scharfen Verstandes und ihrer praktischen Veranlagung der stärkere Teil der Partnerschaft mit Franz Karl war, stand außer Zweifel. Was das Eheglück belastete, war die Tatsache, dass sich lange kein Kindersegen einstellen wollte. Gerade das aber war fatal, denn Sophie konnte ganz genau einschätzen, dass sie ohne Kind, ohne Sohn, für das gesamte Reich bedeutungslos war. Umso peinlicher berührten sie in den ersten zwei Jahren die immer wiederkehrenden, unverblümten Fragen nach ihrem Gesundheitszustand. Als sie im Juli 1826 endlich schwanger wurde, kam endlich Hoffnung auf. Sie wurde aber rasch wieder enttäuscht. In den ersten sechs Ehejahren erlitt Sophie fünf Fehlgeburten. Schließlich rieten die Ärzte zu Solebädern in Ischl. Und siehe da, Sophie brachte in rascher Folge drei Söhne zur Welt: 1830 Franz Joseph, 1832 Ferdinand Maximilian, den späteren Kaiser von Mexiko, und 1833 Karl Ludwig. Auf die Tochter Maria Anna Karolina, die jedoch nur viereinhalb Jahre alt wurde, folgte nach einem 1840 tot geborenen Sohn 1842 als »Nachzügler« Ludwig Viktor, »Luziwuzi«.

Sophie, der „einzige Mann" am Wiener Hof

Am Wiener Hof erwies sich Sophie bald als weitaus intelligenter und weitsichtiger als die meisten Habsburger. Sie musste mit ansehen, dass Kanzler Metternich nach dem Tod des greisen Kaisers Franz dem geistesschwachen Epileptiker

Erzherzogin Sophie mit Kronprinz Franz. Nach fünf Fehlgeburten und unzähligen Behandlungen brachte Sophie 1830 den Thronfolger und anschließend weitere fünf Kinder zur Welt.

Ferdinand auf den Thron verhalf. Das bedeutete eine Katastrophe für Österreich, denn er war völlig ungeeignet, Regierungsgeschäfte zu führen, Entscheidungen zu treffen oder seinen Repräsentationsaufgaben nachzukommen. Täglich mehrmals erlitt er epileptische Anfälle, dann war sein Gesicht verzerrt, der Mund stand schief, zeitweise war er nicht einmal im Stande, zusammenhängend zu sprechen, sondern stammelte vor sich hin. Wollte er Stufen aufwärts gehen, mussten ihn zwei Lakaien hochschleppen. Staatskanzler Metternich aber nutzte das Machtvakuum, um seine reaktionären Ideen durchzusetzen und das Volk mit seinen drakonischen Maßnahmen zu drangsalieren.

In dieser Zeit wurde Sophie immer mehr zu einem politischen Faktor. Dank ihrer Klugheit und ihres Mutes erwarb sie sich den Ruf, »der einzige Mann« am Wiener Hof zu sein. Tatsächlich verstand sie es, die Fäden zu ziehen. Sie half kräftig mit, dass Metternich gestürzt wurde. Sie war die Einzige, die es wagte, den Aufständischen 1848 entgegenzutreten und sich zum führenden Kopf der Gegenrevolution zu machen. Sie war fest entschlossen, für den Fortbestand des Hauses Habsburg zu kämpfen. Und sie war vielleicht schon zu diesem Zeitpunkt überzeugt davon, dass das Kaiserreich jetzt nichts dringender benötigte als die Tatkraft eines jungen, dynamischen Mannes.

Als die Revolution im Jahr 1848 dramatische Ausmaße annahm, begab sich die kaiserliche Familie nach Innsbruck. Im kaisertreuen Tirol hoffte Sophie, ihre Pläne für die Zukunft ausarbeiten zu können. Sophies ältester Sohn Franz war zu diesem Zeitpunkt 17 Jahre alt. Sein gutmütiger, frommer, zu keinerlei Entscheidung fähiger Vater hatte in seine Erziehung so gut wie nie eingegriffen. Ganz anders die Mutter. Energisch, intelligent und zielstrebig hatte es Sophie verstanden, in der Familie den Ton anzugeben und auch ihren Sohn bis ins kleinste Detail unter ihren Einfluss zu bringen. So war er zwar in strenger militärischer Disziplin erzogen und von Metternich in der Kunst der Staatsführung unterwiesen worden, stellte aber einen Muttersohn par excellence dar.

Im Frühjahr 1848 hatte Franz durchgesetzt, in Italien gegen die Aufständischen kämpfen zu dürfen. Sophie hatte nur widerwillig zugestimmt, und sie hatte Feldmarschall Radetzky ihren Sohn als ihr »Teuerstes« ans Herz gelegt. In Italien hatte Franz besondere Schneid gezeigt. Das erschreckte sogar Radetzky. Und zwar so sehr, dass er dafür sorgte, dass der junge Hitzkopf möglichst schnell wieder aus dem Krisengebiet verschwand und ebenfalls nach Innsbruck reiste.

Große Heiratspläne für Nené

Für Ludovika war der Aufenthalt der kaiserlichen Familie in Innsbruck eine gute Gelegenheit, ihre Schwester vom nahen München aus zu besuchen. Sie reiste mit ihren beiden Töchtern, der vielversprechenden Nené und der zu diesem Zeitpunkt zehnjährigen Sisi sowie dem kleinen »Gackel« nach Innsbruck. Für Sophie, die am Wiener Hof so lange unter der bedrückten Stimmung gelitten hatte, brachte dieser Besuch eine willkommene Abwechslung. Sie empfand die lebhaften, ungezwungen herumtollenden Kinder als erfrischend. Besonders gut gefiel ihr die groß gewachsene, stattliche Nené, die deutlich ihre zukünftige Schönheit erahnen ließ. Dieses hübsche Mädchen mit den dichten dunklen Haaren hatte in ihren Augen ganz das Zeug dazu, einmal eine gute Königin, wenn nicht sogar Kaiserin zu werden. Als Ludovika begann, über die Seitensprünge ihres Mannes zu lamentieren, gab ihr Sophie daher den guten Rat, großzügig darüber hinwegzusehen und stattdessen die Erziehung Helenes ernsthaft in Angriff zu nehmen – Sophie hatte nämlich entsetzt festgestellt, dass keines der beiden Mädchen Französisch sprach.

Franz berührte der Besuch der Münchner Verwandtschaft nur am Rande. Er war durch seinen Aufenthalt in Italien plötzlich zum Mann geworden. Er hatte den Krieg erlebt und die Wut der Aufständischen aus nächster Nähe zu spüren bekommen. In Italien konnte Radetzky zwar beachtliche Erfolge erzielen, in Ungarn aber herrschte offener Aufruhr. All das beunruhigte ihn ebenso wie die Untätigkeit und Unentschlossenheit der Regierung in Wien. Für seine kleinen Kusinen hatte er zu diesem Zeitpunkt kein Interesse.

Ganz anders war die Situation für Karl Ludwig, den kleinen Bruder von Franz. Der ebenso hübsche wie schüchterne Jüngling ließ Sisi nicht aus den Augen. Er suchte ihre Nähe, sooft er konnte, machte ihr kleine Geschenke wie Obst oder Blumen und himmelte sie regelrecht an. Er sollte sich als treuer Verehrer erweisen. In den folgenden fünf Jahren sandte er immer wieder liebevolle Briefe und kleine Geschenke wie bunte Fächer, Süßigkeiten oder Armkettchen nach München – und erhielt im Gegenzug artige Dankesbriefchen in kindlicher Schrift auf rosa Papier. Als er einmal einen Ring und eine Rose schickte, bedankte sich Sisi ebenfalls mit einem kleinen Ringlein als Gegengeschenk, sie erzählte ihm von Kunstreitern und Seiltänzern und von zwei süßen, kleinen Lämmchen, die ihr Mama geschenkt hatte und die ihr überallhin folgten. Von sich aus allerdings schrieb sie ihm nie.

Zurück in München veränderte sich das Leben für Ludovikas Kinder kaum. Die fünf Mädchen wuchsen weiterhin unbeschwert und relativ unbehelligt von Erziehern und Lehrern auf.

Franz Joseph wird Kaiser

Der kaiserliche Hof war 1848 gegen den Willen von Erzherzogin Sophie aus Innsbruck nach Wien zurückgekehrt, um der Eröffnung des neuen Parlaments beizuwohnen. Jetzt wurde Kaiser Ferdinand dazu gezwungen, eine Verfassung zu gewähren. Zum Guten wendete sich dadurch aber nichts. Der geistesschwache Kaiser wurde immer mehr zum Ziel von Spott und Hohn, man nannte ihn den »guten alten Nandl«. Im August flammte in Italien und Ungarn offene Rebellion auf, bald entbrannten im ganzen Reich bürgerkriegsähnliche Zustände. In Budapest wurde Graf Lamberg, der Oberkommandierende der kaiserlichen Truppen, von der wütenden Menge ermordet, in Wien warfen Anfang Oktober Nationalgardisten Kriegsminister Latour aus dem vierten Stock auf die Straße und hängten ihn nackt an einer Straßenlaterne auf. Es kam zu Demonstrationen und regelrechten Straßenschlachten. Johlender Pöbel belagerte die Hofburg. Der Hof verließ Wien abermals, diesmal mit dem Ziel Olmütz.

Am 2. Dezember 1848 schließlich dankte Kaiser Ferdinand in Kremsier bei Olmütz ab. Jetzt trat der Plan in Kraft, den Sophie gemeinsam mit Kaiserin Maria Anna geschmiedet hatte und an dem Alfred Fürst Windisch-Graetz und sein Schwager, Felix Fürst zu Schwarzenberg, die Leiter der Gegenrevolution, maßgeblich beteiligt waren: Sophie bewog ihren Gatten Franz Karl dazu, die Krone abzulehnen, verzichtete darauf, selbst Kaiserin zu werden, und setzte durch, dass ihr ältester Sohn Franz den Thron bestieg. Um die liberalen Geister zu beschwichtigen, verlangte Schwarzenberg, dass dem Namen des Kaisers als zweiter Name Joseph beigefügt wurde – ein Zeichen für seine Bereitschaft, in die Fußstapfen seines fortschrittlichen Vorgängers Joseph II. zu treten.

Mit der Zeremonie vom 2. Dezember 1848 wurde der 18-jährige Franz Joseph zum Herrscher über ein 41-Millionen-Volk und über ein politisch höchst unruhiges Reich. Er schwor feierlich, die Verfassung anzuerkennen. Vor seinem Onkel kniend, erbat er den Segen des alten Kaisers Ferdinand, und dieser flüsterte: »Gott segne dich, bleib nur brav, Gott wird dich schützen.« Danach soll der frisch gebackene Kaiser seiner Mutter schluchzend und vor Aufregung zitternd in die Arme gesunken sein – auch das ein Beweis für die extrem starke, nahezu neurotische Mutter-Sohn-Bindung.

Solange Franz Joseph unverheiratet blieb, war die Kaiserin-Mutter die erste Dame bei Hof. Sie hielt die Zügel fest in der Hand und sie war es auch, die ihren »Franzi« führte. Sie ernannte mit seinem 18. Geburtstag Graf Grünne zu seinem Obersthofmeister. Und sie zog politisch kräftig die Fäden Die überaus drastischen Blutgerichte für die Revolutionäre des Jahres 1848, in deren Zusammenhang in Budapest Ministerpräsident Graf Batthyány hingerichtet und zahlreiche Ungarn eingekerkert wurden, die später widerrechtlich erfolgte Aufhebung der zuvor zugesagten Verfassung, die enge Bindung an die Kirche – all das wurde als ihr Werk betrachtet. Und es machte den Kaiser und seine Mutter in den ersten Jahren seiner Regierungszeit unpopulär. Die Ablehnung gipfelte in dem Messerattentat, das der Ungar Libényi 1853 auf den jungen Kaiser verübte.

Schneidiger Schwarm der „Kaiserkomtessen"

Sophie lenkte ihren Sohn in jeder Beziehung. An Schönheit und Eleganz interessiert, stattete sie seine Privaträume in der Hofburg mit den kostbaren Möbeln des Herzogs von Reichstadt aus, obwohl dem bescheidenen Franz Joseph ein einfaches Metallbett genügt hätte. Hatte sie in seiner Jugend noch genau auf die Auswahl seiner Lehrer und Erzieher geachtet, so sorgte sie nun dafür, dass der junge Kaiser auch fachgerecht auf eine spätere Ehe vorbereitet wurde. Die »Einführungslektionen« in die Kunst der Liebe wurden bei Hof vorwiegend als hygienisches Problem behandelt. Erzherzöge erhielten daher sogenannte »Initiatricen«, durchaus geachtete, verlässliche Damen mit einschlägiger Erfahrung. Für Franz Joseph engagierte Sophie eine reife, etwas üppige Dame aus Krems. Sie muss ihre Aufgabe zufriedenstellend erfüllt haben, denn der junge Kaiser, der sein Amt überaus ernst nahm und vom Beginn seiner Amtszeit an täglich von sechs Uhr früh bis zum Nachmittag in nahezu zwangsneurotischer Pedanterie an seinem Schreibtisch Aktenberge bearbeitete, begann sich bald intensiv für das weibliche Geschlecht zu interessieren. Er entflammte zwar nicht in heftige Leidenschaften, die empfand er eher beim Lesen des Militärschematismus oder im Gebirge bei der Jagd. Der brave »Musterschüler«, der insgeheim immer unter einer Angst vor der Mutter litt und stets danach trachtete, brav und gehorsam zu sein, war weiblichen Reizen gegenüber aber dennoch aufgeschlossen.

Sophie wurde nicht müde zu betonen, dass ihr armer Sohn seine Jugend dem Staat opfere und dass er unermüdlich arbeite. Damit er sich auch entspannen und vergnügen konnte,

Franz Joseph im Alter von 23 Jahren. Bereits mit 18 Jahren wurde der junge Mann zum Kaiser gekrönt, fünf Jahre später sollte seine Heirat eine erneute Bestätigung für seinen Status bedeuten.

veranstaltete sie glanzvolle Hofbälle. Bei diesen Anlässen war Franz Joseph der unbestrittene Star. Hoch gewachsen, stets in schneidiger Uniform und überdies ein glänzender Tänzer, wurde er zum Schwarm der »Kaiserkomtessen«. Er genoss es ebenso wie das Bewusstsein, die beste Partie Europas zu sein, was ihm seine Mutter immer wieder und wieder versicherte.

Dafür, dass ihr Sohn sich nicht von seinem Herzen leiten ließ und womöglich voreilige Entschlüsse fasste, sorgte Sophie entschieden vor. Als er einmal mit der bezaubernden Gräfin Elisabeth Ugarte neun Walzer und zwei Kotillons absolvierte und dann mit ihr in einem Nebenraum verschwand, war das zu viel. »Hygienische« Damen ja, aber Affären bei Hof – oh nein! Sie beorderte die hübsche Gräfin zu sich, legte ihr nahe, ihren alten und kranken, in der Provinz lebenden Vater zu besuchen, und damit war die Sache erledigt. Auch einer anderen Elisabeth, in die sich Franz Joseph ernsthaft verliebt hatte, erging es nicht viel besser. Die hübsche Tochter von Erzherzog Joseph, Palatin von Ungarn, eine Kusine des Kaisers, die bereits nach einem Jahr Ehe zur Witwe geworden war, hatte Franz Josephs Herz erobert. Als der junge Kaiser ihr die Hand besonders innig küsste und das Paar überdies beim morgendlichen Spaziergang im Prater beobachtet wurde, begann der Hofklatsch zu blühen. Sophie, der alles Ungarische verhasst war, schritt energisch ein. Kaum war ihr Sohn einen Tag nicht in Wien, suchte sie Elisabeth auf und legte ihr nahe, bald wieder zu heiraten. Die junge Dame fasste dies als Befehl des Kaisers auf und verlobte sich mit Erzherzog Karl Ferdinand. Der arme Franz Joseph musste diese Verbindung als Chef des Hauses Habsburg auch noch bestätigen.

Gegen Ende des Jahres 1852 machte sich Sophie ernsthaft auf die Suche nach einer Braut für Franz Joseph. Schließlich zählte es zu den heiligsten Pflichten eines Monarchen, sich zu verehelichen, Kinder zu zeugen und den Fortbestand der Dynastie zu sichern. Sophie dachte in erster Linie an eine deutsche Prinzessin, das hätte außenpolitische Vorteile gebracht. Sophies Schwester war mit König Friedrich Wilhelm IV. von Preußen verheiratet, seine Nichte Anna schien eine aussichtsreiche Kandidatin. Als Franz Joseph im Winter 1852 nach Berlin reiste, verliebte er sich tatsächlich in sie. Das Haus Hohenzollern aber zeigte dem Haus Habsburg die kalte Schulter. Anna sei bereits verlobt, beschied man ihm unmissverständlich, man sei an einer Verbindung nicht interessiert. Preußen lag nichts daran, die Macht der Monarchie zu stärken. Da konnte auch Sophies Schwester nichts ausrichten. Sophie musste sich neu orientieren. Und was lag näher als Ludovika und ihre Töchter.

Die Weichen werden gestellt

Als die herzogliche Familie im Juni 1853 gerade in Possenhofen gemeinsam am Frühstückstisch saß, wurde ein eiliges Schreiben der Erzherzogin Sophie aus Wien überbracht. Ludovika las den Brief vor. Sophie lud ihre Schwester, ihren Schwager und deren älteste Tochter Nené für Mitte August nach Ischl ein, dort sollte der Geburtstag des jungen Kaisers gefeiert werden. Als sie mit dem Lesen fertig war, trat Stille ein. Herzog Max verzog den Mund. Ihn freute diese Einladung gar nicht. Zum einen mochte er seine selbstbewusste Schwägerin in Wien nicht besonders, und zum anderen konnte er diese »gespreizten« Hof-Veranstaltungen auf den Tod nicht ausstehen. Sisi hingegen hatte aufmerksam zugehört, sie liebte Reisen und Abenteuer, sie wäre gerne mitgefahren. Wenige Stunden später stellte das Schicksal die Weichen: Die herzogliche Familie entschied, dass Max in aller Ruhe zu Hause in Possenhofen bleiben und dass an seiner Stelle Sisi nach Ischl mitfahren sollte.

Für diesen Entschluss war noch etwas ausschlaggebend: Sisi hatte sich in einen Grafen Richard S. verliebt, der im Dienste des Herzogs stand. Wie sie ihrem geheimen Tagebuch anvertraute, wartete sie versteckt hinter Hecken oft stundenlang, um ihn sehen und zumindest von Weitem anhimmeln zu können. Graf S. war weit unter ihrem Stand, an eine Heirat war absolut nicht zu denken. Die herzogliche Familie machte der Romanze ein rasches Ende. Der Graf wurde aus Sisi's Nähe entfernt, er kehrte nach Monaten zwar zurück, war aber schwer krank und starb. Sisi war untröstlich. Sie weinte nächtelang und schrieb in ihrem Liebeskummer Gedicht um Gedicht in ihr kleines, geheimes Büchlein. Schwülstig-melancholisch, zu Tode betrübt. Die Reise nach Ischl war eine willkommene Gelegenheit, Sisi von ihren trüben Gedanken abzulenken. Und dann gab es noch etwas: Nach Ischl würde auch Erzherzog Karl Ludwig kommen, der mittlerweile 20 Jahre alt war. Und – wer weiß …

Die Wochen bis zur Abreise nach Ischl vergingen wie im Flug. In Possenhofen drehte sich alles nur um Nené. Ganze Scharen von Schneiderinnen, Modistinnen und Schuhmachern gingen ein und aus. Sie fertigten in höchster Eile schöne Kleider und Roben, Stiefelchen und pelzbesetzte Umhänge, alles elegant und kostbar genug, um eine künftige Kaiserin ins rechte Licht zu setzen. Sisi bekam von all den herrlichen Dingen nichts ab. Allzu traurig war sie darüber nicht. Sie hatte andere Sorgen und weinte immer noch um ihren Grafen S.

Erste Begegnung in Ischl

Die Reise Ludovikas und ihrer Töchter nach Ischl verlief alles andere als harmonisch. Nicht nur, dass die Herzogin unterwegs einen ihrer häufigen Migräne-Anfälle hatte, so wurden auch die Koffer vertauscht, und zu allem Unglück mussten alle drei schwarze Kleider tragen, weil eine Tante der Königin von Bayern verstorben war.

Sophie hatte für ihre bayrische Verwandtschaft in einem Hotel Zimmer reserviert. Als diese dort verspätet eintraf, brach zuerst einmal Hektik aus, denn so blieb bis zum Zusammentreffen mit dem Kaiser nur eine halbe Stunde Zeit. Und die reichte gerade einmal dafür, dass Nené aufwändig frisiert werden konnte. Sisi erledigte das selbst. Sie flocht ihr dichtes, in wunderschönem Braun schimmerndes Haar selbst zu Zöpfen und legte sich diese um den Kopf.

Die erste Begegnung zwischen dem jungen Kaiser und Sisi, die später so oft romantisch ausgemalt wurde, verlief in Wirklichkeit recht banal. Das junge Paar begegnete sich zum ersten Mal in Sophies Salon im Seeauer-Haus. Dorthin hatte Sophie ihre beiden Schwestern Elisabeth, die ebenfalls angereiste Königin von Preußen, und Ludovika – mitsamt der Töchter Nené und Sisi – zum Tee geladen. Natürlich war allen

Laut Franz Joseph hatte Sisi »liebe, sanfte Augen, eine herrliche Haarkrone und Lippen wie Erdbeeren«. Die Schönheit und der Charme Sisi's begeisterten den Kaiser und sein gesamtes Umfeld.

bewusst, dass an diesem Tag Nené die Hauptperson war. Diese aber stand verkrampft und mit vor Aufregung fest zusammengepressten Lippen da und machte in ihrem schwarzen Kleid eine ausgesprochen unglückliche Figur. Sisi hingegen kleidete das Schwarz, es ließ ihren jugendlich frischen Teint und das dichte braune Haar noch zarter schimmern.

Als der Kaiser eintrat, stand Sisi bescheiden neben ihrer Gouvernante. Wie alle Anwesenden beobachtete sie, wie Franz Joseph, der bedeutend jünger und hübscher aussah, als sie sich vorgestellt hatte, und dem die elegante Generalsuniform ausgesprochen gut stand, ein paar höfliche Worte an Nené richtete. Der junge Kaiser hatte in Wien immer wieder Zeichnungen und Miniaturen von ihr erhalten, er hatte sich intensiv gewünscht, sich in sie verlieben zu können – in diesem Augenblick aber war klar, dass ihm das nicht gelingen würde. Sisi hingegen gefiel ihm auf Anhieb. Sie neckte er, als wäre sie noch ein kleines Mädchen.

Nach den ersten bangen Minuten der Gespanntheit war das Eis im Salon bald gebrochen. Die drei Schwestern Elise, Ludovika und Sophie, die sich lange nicht gesehen hatten, begannen lebhaft zu plaudern, vor der Villa ließ ein Musikzug die neuesten Operettenmelodien erklingen und Erzherzog Franz Karl erheiterte alle mit bescheidenen Witzchen. Ganz in seinem Element war Erzherzog Karl Ludwig. Er war ständig in Sisi's Nähe, versorgte sie mit Eis und Süßigkeiten und flüsterte ihr Schmeicheleien zu. Franz Joseph aber musste immer wieder zu Sisi hinsehen, auch wenn er im Gespräch mit anderen war. Und als diese spürte, dass ein ernster, inniger Ausdruck in seinem Blick lag, errötete sie.

Karl Ludwig war der Erste, der die zarten Bande bemerkte. Dem Franzl habe die Sisi viel besser gefallen als die Nené, sagte er am Abend enttäuscht zu seiner Mutter. Und diese wies ihn zurecht, so ein Unsinn, die Sisi sei doch noch ein richtiger Fratz. Als ihr Sohn am nächsten Tag in aller Frühe bei ihr erschien, musste sie ihm allerdings Recht geben. So frisch wie eine aufspringende Mandel sei Sisi, schwärmte er wie ein verliebter Schulbub. Sie habe »liebe, sanfte Augen, eine herrliche Haarkrone und Lippen wie Erdbeeren«. Sophie glaubte, ihren Ohren nicht trauen zu dürfen. Ihr nüchterner, sachlicher Sohn so poetisch – das war unglaublich. Sie versuchte noch, Nené ins Gespräch zu bringen, aber auch das war vergeblich, bald war klar, dass er sich nur für Sisi interessierte, ein halbes Kind, gerade einmal 15 Jahre alt.

Sophie versuchte noch einen Schachzug. Bei dem für den Abend geplanten Diner legte sie die Tischordnung so fest, dass Sisi zwischen ihr und dem Prinzen von Hessen saß, so sollte Franz Joseph selbst feststellen, dass sie einem geschliffenen Tischgespräch noch nicht gewachsen war. Der Effekt war, dass

Sisi vor Aufregung keinen Bissen herunterbringen konnte. Der Kaiser ließ sie auch bei dieser Gelegenheit nicht aus den Augen. Auch wenn er sich mit Nené unterhielt, die neben ihm saß, hatte er nur Augen für Sisi. Und als dann am Abend ein Ball mit 90 geladenen Gästen auf dem Programm stand, sah er nicht Nené, die in einem prachtvollen weißen Atlaskleid erschien, sondern nur Sisi in ihrem schlichten, pfirsichfarbenen Musselin-Kleidchen. Mit ihr tanzte er den Kotillon, ihr legte er alle seine Sträuße zu Füßen, Nené bekam nichts ab. Um Mitternacht, als der Ball endete, wusste ganz Ischl, dass der Kaiser seine Wahl getroffen hatte.

Am nächsten Morgen, dem 18. August, war Sophie an der Reihe, mit heftiger Migräne zu erwachen. Ihre Kopfschmerzen verschlimmerten sich noch, als ihr Sohn vor Glück und Aufregung geradezu strahlte, als er bei ihr erschien, damit sie ihm als Erste zum Geburtstag gratulieren konnte. Jetzt wusste sie, dass es sinnlos war, ihm gute Ratschläge zu erteilen, wie: er solle nichts überstürzen und Sisi erst einmal besser kennenlernen. Beim festlichen Familiendiner zu Ehren des Kaisers hatte Sisi bereits den Ehrenplatz – und wirkte kindlich bescheiden. Noch am selben Abend bat Franz Joseph seine Mutter, bei Ludovika um die Hand des bezauberndsten und süßesten Mädchens anzuhalten, das er je gesehen hatte.

Sisi, die junge Braut

Als die kaiserliche Familie am nächsten Vormittag, einem Sonntag, zur Kirche kam, hatte sich die Nachricht in ganz Ischl bereits herumgesprochen. Eine fröhliche Menschenmenge drängte sich am Kirchenplatz, die Nationalhymne erklang, und als Sisi in einem einfachen Kleid aus geblümtem Musselin und einem Strohhut zur Kirche kam, trat Sophie zur Seite, um ihr den Vortritt zu lassen. Nach der Messe trat Franz

Joseph vor den Priester und bat ihn mit fester Stimme: »Ich bitte, Hochwürden, segnen Sie uns, das ist meine Braut.«[2]

Als das Paar auf die Straße trat, schlug ihm eine Welle der Freude und Begeisterung entgegen. Ganz Ischl feierte, überall flatterten weiß-blaue Bänder und gelb-schwarze Fahnen im Wind, Hochrufe erschallten. Sisi war von der Wucht der Begeisterung überfordert. Sie bedankte sich, zwang sich zu einem Lächeln, war in Wahrheit aber den Tränen nahe. Noch ein halbes Kind, hatten sie die Ereignisse in ein emotionales Chaos gestürzt, sie schwankte zwischen Tränen, Lachen und tiefer Verzagtheit. Ihre Mutter brachte sie ins Hotel, damit sie sich erholen konnte. Irgendwann soll sie geseufzt haben, sie habe den Kaiser ja lieb, wenn er nur kein Kaiser wär!

Die nächsten zwei Wochen vergingen als eine Kette glanzvoller Veranstaltungen. Herzog Max reiste aus Bayern an, er war von den Ereignissen hoch beglückt – Nené hatte er nie besonders gemocht. Dass seine geliebte Sisi die beste Partie Europas machen sollte, begeisterte ihn, leid tat ihm lediglich, dass sie Sophie zur Schwiegermutter bekommen sollte. Sophie selbst fügte sich in die Entscheidung ihres Sohnes. Was für sie zählte, war die entsprechende Abstammung, die Ebenbürtigkeit und die Religion der Braut. Und es scheint ganz so, dass auch sie entgegen anders lautenden Behauptungen von Tag zu Tag mehr dem Zauber der entzückenden jungen Braut erlag. Sie nannte sie jedenfalls eine »Rosenknospe, die sich unter den Strahlen der Sonne entfaltet«, und überhäufte sie mit kostbaren Geschenken, darunter Halsketten und Armreifen mit Diamanten und Perlen und ein aus goldenen, mit Smaragden besetzten Blättern bestehender Haarreif. Und bald nach der Verlobung kaufte sie als Hochzeitsgeschenk für das junge Paar in Ischl die einstige Biedermeiervilla des Wiener Notars Josef Eltz, die drei Jahre zuvor der Arzt Eduard Mastalier erworben hatte. Sie begann auch gleich damit, die spätere »Kaiservilla« zur Sommerresidenz auszubauen.

In Ischl folgte indes ein Ball auf den anderen, das junge Paar unternahm Kutschenfahrten, ging zur Jagd in die Berge oder nahm an ländlichen Festen teil. Franz Joseph zeigte sich liebevoll und aufmerksam, er hielt Sisi an der Hand, legte ihr in Hallstatt fürsorglich seinen Mantel um die Schultern, als ein kühles Lüftchen aufkam, und flüsterte ihr Zärtlichkeiten ins Ohr. Dann wieder tobte er mit seinem Schwiegervater in spe durch die Straßen, zündete mit ihm ausgelassen wie ein kleiner Bub Knallfrösche an und war von Tag zu Tag verliebter. Einer der Höhepunkte dieser glanzvollen Wochen war ein riesiges Feuerwerk in St. Wolfgang. Während die Festgesellschaft auf einem beleuchteten Hausboot speiste, erleuchteten Raketen und Feuerräder den See, und am Berghang formten Lichtstrahlen die Initialen des jungen Paares unter der Kaiserkrone.

Hektische Hochzeitsvorbereitungen

Nach zwei Wochen holten Franz Joseph seine Pflichten ein. Er musste nach Wien zurückkehren und sich den dringenden politischen Themen stellen, den Problemen mit Russland und Ungarn, der orientalischen Frage, Preußen, und, und, und … Wie ein kleiner Junge versuchte er, den Abschied immer wieder hinauszuzögern, begleitete seine junge Braut bis Salzburg und küsste dort ihr tränennasses Gesicht. Zurück in Wien, schrieb er seiner Mutter, er habe einen schweren Sprung aus dem irdischen Himmel in Ischl in die hiesige papierene Schreibtischexistenz mit ihren Sorgen und Mühen gemacht.

In Bayern begannen nach der Rückkehr der herzoglichen Familie sogleich hektische Hochzeitsvorbereitungen. Nach und nach wurde immer deutlicher, wie mangelhaft Sisi's Ausbildung war. In aller Eile hatte sie Französisch und Italienisch zu lernen und bekam Geschichtsunterricht. Mit dieser wichtigen Aufgabe hatte Herzog Max Johann Graf Mailáth betraut, einen ungarischen Historiker. Ihm gelang es, Sisi's Interesse für Ungarn und die ungarische Sprache zu wecken.

Die Zusammenstellung des Trousseaus, der Brautausstattung, hingegen bereitete Sisi mehr Sorgen als Freude. Sophie gab Direktiven bis ins kleinste Detail, zwischen Wien und Possenhofen flogen die Briefe nur so hin und her. Und je mehr die junge Braut sich um die Wäsche, Kleider und Schmuck kümmern musste, die später in 25 Reisekörben nach Wien verschickt wurden, desto belasteter und entnervter schien sie. Freude hatte sie nur mit dem Papagei, den ihr Franz Joseph geschenkt hatte. Und dann kam noch ein scharfer Dämpfer aus Wien. Sisi hatte sich in einem herzlichen, nahezu kindlich-innigen Brief bei ihrer »lieben Tante« für Zeichnungen bedankt, auf denen glückliche Augenblicke aus Ischl festgehalten waren. Sophie, peinlich bedacht auf die Etikette, antwortete ihrer zukünftigen Schwiegertochter harsch. Sie erteilte ihr die Order, sie fortan mit »Sie« anzureden. Und überhaupt habe sie sich die Zähne zu putzen, sie seien ganz schwarz.

Als Datum für den Abschied aus München wurde der 20. April 1854 festgelegt. Je näher der Tag der Abreise rückte, desto mehr verdüsterte sich Sisi's Gemütszustand, desto stiller wurde sie. Der tatsächliche Abschied verlief schließlich dramatisch und tränenreich. Elisabeth hatte für jeden der Diener ein kleines Geschenk, und sie reichte jedem einzelnen die Hand – eine Geste, die ihr später das strenge Wiener Protokoll verbieten sollte. Zum Abschied erschien sogar König Max II. vor dem herzoglichen Palais, und als dann die sechsspännige Kutsche Richtung Straubing losfuhr, flossen die Tränen in Strömen.

Prunkvoller Einzug in Wien

Sisi reiste mit ihrer Mutter in großer Begleitung zuerst mit dem Raddampfer »Stadt Regensburg« nach Linz und von dort auf dem österreichischen Expressdampfer »Franz Joseph I«, dem damals größten und luxuriösesten Passagierschiff, das über und über mit Blumen geschmückt war, nach Wien. Die Fahrt glich einem Triumphzug. Und die Ankunft in der Haupt- und Residenzstadt erst recht. Wochenlang hatten Scharen von Handwerkern, Zimmerleuten und Maurern an der Verschönerung Wiens gearbeitet, in Nußdorf, wo der Kaiser seine junge Braut empfing, war eine eigene Brücke geschlagen worden. »Rose aus Bayernland, lieblich und traut, heut grüßt dich ganz Österreich als hehre Braut«, sangen die Wiener zur Begrüßung der Märchenprinzessin.

Von Nußdorf ging es in einer Prachtkarosse das mit Palmen und exotischen Gewächsen bepflanzte Ufer des Donaukanals entlang nach Schönbrunn. Auf dem ganzen Weg waren alle Häuser dekoriert, Tausende festlich gekleidete Menschen säumten die Straßen und jubelten dem schönen Brautpaar zu. Für Sisi war das alles zu viel. Als sie am Tag darauf in einer von acht Lipizzanern gezogenen gläsernen Prachtkarosse den traditionellen Einzug der Kaiserbraut von der »Favorita« zur Hofburg hielt, war sie nicht im Stande, der begeisterten Menschenmenge fröhlich zuzuwinken. Verschreckt und verschüchtert drückte sie sich in eine Ecke, ein kleines, weinendes Mädchen. Erst, als sie in der Hofburg ankam, gelang es ihr, sich ein wenig zu fassen und einen positiven Eindruck zu hinterlassen. Sophie notierte später, das Benehmen des lieben Kindes sei vollendet gewesen, voll süßer und graziöser Würde.

Die Jahrhunderthochzeit

Am Abend des 24. April 1854 ging schließlich die »Hochzeit des Jahrhunderts« über die Bühne. Kardinal Rauscher, der Erzbischof von Wien, traute das junge Paar in der prachtvoll mit rotem Samt dekorierten Augustinerkirche. Seine Ansprache war so lang und ausschweifend, dass er später »Kardinal Plauscher« genannt wurde. Ihm zur Seite standen über 70 Bischöfe und Prälaten. Sisi war auch dieser monströsen Zeremonie nicht gewachsen. Als sie anschließend in der Hofburg ihren ersten Empfang als Kaiserin geben musste, brach sie weinend zusammen und lief aus dem Saal.

Auf den Vollzug der Ehe musste der Wiener Hof lange warten. Die beiden Mütter der Brautleute hatten es so eingerichtet, dass auf die traditionelle, aber peinliche »Bettlegeszene« verzichtet wurde. Am Morgen nach der Hochzeitsnacht aber konnten sie ihre Neugierde doch nicht zügeln. Erzherzogin Sophie platzte in das Frühstück hinein, das das junge Paar im Schreibkabinett einnahm. Im Schlepptau brachte sie auch gleich Ludovika mit. Franz Joseph, ganz der höfliche Sohn, konnte nicht anders, als die beiden Damen zum Bleiben zu bitten. Nach dem Frühstück fragten beide Mütter ihre Kinder detailliert nach dem Verlauf der Nacht aus. Sophie musste zur Kenntnis nehmen, dass es mit dem Vollzug der Ehe noch nicht geklappt hatte – eine Tatsache, die sich rasch herumsprach.

Tatsächlich vollzogen wurde die Ehe erst in der dritten Nacht. Und auch der Morgen nach dieser Nacht gestaltete sich für Sisi höchst unangenehm. Für Franz Joseph war es eine Selbstverständlichkeit, auch an diesem Morgen zum Appartement Sophies hinaufzusteigen. Er kam bei seiner Mutter vorerst allein an. Sisi schlafe noch, sagte er schmunzelnd. Und begriff nicht, dass seine junge Frau, immerhin noch ein halbes Kind, gerade an diesem Tag die prüfenden Blicke der Schwiegermutter als besonders peinlich empfand. Sie raffte sich dann

Die »Hochzeit des Jahrhunderts« fand am 24. April 1854 in der Augustinerkirche in Wien statt. Sowohl die hektischen Vorbereitungen als auch der nachfolgende Stress überwältigten die junge Braut – die Etikette am Wiener Hof sollte für Sisi eine lebenslange Qual bleiben.

doch noch auf und erschien zum Frühstück bei Sophie. Die Peinlichkeit des Morgens aber vergaß sie ihr ganzes Leben nie. Der Kaiser sei so gewohnt gewesen zu folgen, dass er sich auch diesmal dem Willen der Mutter unterworfen habe, sagte sie später.

Tränen und Ernüchterung

Da zur Zeit der Kaiserhochzeit der Krimkrieg bereits entbrannt war, konnte das junge Paar nach Abschluss der für Sisi höchst strapaziösen Feierlichkeiten und nachdem die bayrische Verwandtschaft abgereist war, nicht zu Flitterwochen aufbrechen, nicht einmal nach Ischl. Sie fuhren daher lediglich nach Laxenburg. Kaiser Franz Joseph verließ seine junge Frau jeden Morgen in aller Frühe, um seinen Regierungsgeschäften nachzugehen. Erzherzogin Sophie hingegen kam oft, um ihrer Schwiegertochter Gesellschaft zu leisten. Für Elisabeth bedeutete das den Beginn ihres Martyriums. Sie fühlte sich einsam, litt unter Heimweh und wusste, dass sie eine dringende Pflicht zu erfüllen hatte. Das Kaiserreich erwartete von ihr, dass sie möglichst rasch Kinder zur Welt brachte, am besten Thronfolger. Sie erfüllte ihre Aufgabe.

Sophie – das erste Kind

(5. MÄRZ 1855, WIEN – 29. MAI 1857, OFEN)

❀

Laxenburg geriet für Sisi von Anfang an zur Enttäuschung. Im Gegensatz zu dem gemütlichen »Possi«, in dessen Räumen stets eine Kinderschar umhertollte und in dessen Garten es von Tieren nur so wimmelte, erschien ihr Maria Theresias Lustschloss kalt und trostlos. Auch der riesige Park, den Kaiser Franz II. (I.) in den stürmischen Zeiten von Revolution und Aufklärung mit Ritter-Bauten und romantischen Ruinen zu einer märchenhaften Idylle gestaltet hatte, war nicht nach ihrem Geschmack. Daran änderte sich auch nichts, als Sisi's Hunde und Papageien aus Possenhofen ankamen und in den Stallungen die edelsten Reitpferde Einzug hielten. Die blutjunge Kaiserin konnte sich weder an das Schloss noch an den Park gewöhnen. Und nicht nur das, sie fühlte sich von Sophie »ausspioniert«. Jahre später bezeichnete sie ihre Schwiegermutter als »bösartige Frau« – und hatte damit vermutlich Unrecht.

Sophies Erziehungsversuche

Erzherzogin Sophie war eine starke und autoritäre Frau. Ihr verdankte Franz Joseph seinen Thron und sie meinte es gut mit allen ihren Kindern. Ihr ältester Sohn hatte sich ihr gegenüber zum ersten Mal ungehorsam gezeigt, als er nicht die von ihr ausgewählte Heiratskandidatin Nené akzeptierte, sondern sich für die entzückende, aber unreife Sisi entschied. Jetzt galt es in ihren Augen, das halbe Kind, das sich als völlig unerzogen erwies, so weit zu formen und zurechtzubiegen, dass sie einmal eine gute Kaiserin und Landesmutter abgeben würde. Dass sie dabei oft weit übers Ziel hinausschoss und auch die falschen Methoden anwandte, war allerdings offensichtlich. So kam es vor, dass sowohl der Kaiser als auch die junge Kaiserin von ihr gescholten wurden wie Schulkinder, und dass sie sich weder mit Geboten noch mit Verboten zurückhielt. Sisi war in Bayern in liebevoller Umgebung völlig ungezwungen aufgewachsen. Nie hatte sie jemand angeherrscht oder sie gar mit harten Worten zurechtgewiesen. Umso mehr verletzte und empörte sie der harsche Befehlston der Schwiegermutter, den diese nur allzu oft anschlug.

»Ich bin erwacht in einem Kerker, und Fesseln sind an meiner Hand …«, dichtete Sisi schon 14 Tage nach der Hochzeit. Sie hasste es, rund um die Uhr von Zofen und Bediensteten umgeben zu sein. Sie hasste es, ständig Schmuck und elegante Kleider anprobieren zu müssen. Sie hasste das Protokoll und den Zwang der höfischen Etikette. Und sie sehnte sich nach Bewegung, nach Freiheit, nach der ungezwungenen, lustigen Gesellschaft ihrer Geschwister. Bald kam es, wie es kommen musste. Bei der sensiblen und freiheitsliebenden Wittelsbacherin schlugen sich die seelischen Leiden auf das körperliche Befinden. Sisi begann unter heftigen, stundenlang anhaltenden Hustenanfällen zu leiden, gegen die der Arzt Dr. Seeburger Umschläge verordnete. Zeitweise hatte sie klaustrophobische Anfälle, diese traten besonders stark auf, wenn sie durch enge Treppenhäuser gehen musste.

Ausbruch aus der Tristesse

Einen Lichtblick stellte die Reise nach Mähren und Böhmen dar, die das junge Kaiserpaar Anfang Juni antrat. Sisi konnte

»Ein Morgen in Laxenburg«. Das jung vermählte Kaiserpaar vor der Franzensburg. Sisi fühlte sich in der steifen Atmosphäre des Wiener Hofes eingeengt und beobachtet, der Unterschied zum idyllischen Possenhofen, dem Schloss ihrer Kindheit, konnte nicht größer sein.

dem »traurigen« Laxenburg entfliehen, beeindruckte durch ihren Charme und ihre Liebenswürdigkeit, und erfüllte ihre Pflichten als Landesmutter. Sie besuchte Krankenhäuser, andere soziale Einrichtungen und eine landwirtschaftliche Ausstellung, legte mit dem Kaiser den Grundstein für eine Kirche und kam in den Genuss eines vom böhmischen Adel veranstalteten Pferdekarussells mit Festturnier, und das war natürlich ganz nach ihrem Geschmack. Nach der zweiwöchigen Reise zurück in Wien, erwartete Sisi eine neue Mutprobe: Sie hatte sich zu Fronleichnam in großer Staatstoilette, langem Schleppkleid und Brillantdiadem auf dem Kopf vor Zehntausenden Menschen beim großen Festzug zu präsentieren.

Zurück in Laxenburg holte sie die alte Tristesse ein. Wieder weinte Sisi viel, schrieb lange Briefe nach Possenhofen und beschäftigte sich mit ihren Tieren. Sie hatte nichts anderes zu tun, als Kleider zu wechseln und Hof zu halten. Aus Bayern hatte man ihr keine einzige Begleiterin zugestanden, sie war nur von fremden Menschen umgeben. Eine der wenigen Freuden waren die langen Ausritte in den Park, auf denen sie oft Obersthofmeister Grünne begleitete, Chef der kaiserlichen Stallungen und ein anerkannter Pferdekenner. Aber auch mit diesem Vergnügen war bald Schluss. Während Franz Joseph noch an Manövern in Galizien teilnahm, musste Dr. Seeburger im Juni wieder einmal zu Sisi gerufen werden. Diesmal hatte der Arzt gute Nachrichten. Er teilte Erzherzogin Sophie mit, dass Ihre Kaiserliche Majestät guter Hoffnung sei.

Die Qualen der Schwangerschaft

Sophie nahm auch in dieser Situation sofort die Zügel in die Hand. Sie untersagte Sisi die Ausritte und wies ihren Sohn an, ihr die Papageien wegzunehmen, mit denen sie sich so gerne unterhielt – in den ersten Monaten der Schwangerschaft könne es vorkommen, dass man sich »verschaue«, und dann sähe das Baby einem Papagei ähnlich. Als der brave Sohn widerspruchslos gehorchte, stieg Sisi's Missmut verständlicherweise. Sie fühlte sich von der »bösen« Schwiegermutter einmal mehr bevormundet und verfolgt. Tatsächlich war Sophie fast ständig da. Kaum hielt sich der Kaiser in Laxenburg auf, war auch sie zur Stelle. Und sie mischte sich in alles ein. Bis hin zu dem Rat an ihren Sohn, den sie für einen stürmischen Liebhaber hielt, er solle seine junge Frau nun schonen.

Franz Joseph hingegen hielt es in den folgenden Wochen für notwendig, seine Mutter schriftlich über den Verlauf der Schwangerschaft minutiös zu unterrichten. So berichtete er ihr am 12. Juli, Sisi habe einige Tage wieder mehr gehustet, besonders bei Tisch, sie leide jetzt mehr an »Üblichkeiten« und habe sich Samstag zweimal erbrochen. Fünf Tage später schrieb er, Sisi habe zu einem Essen nicht erscheinen können, da sie am Vortag recht miserabel war. Sie habe schon aus der Kirche weg gemusst, habe sich mehrmals erbrochen, leide an Kopfweh und bringe fast den ganzen Tag auf ihrem Bett liegend zu. Am Mittwoch sei sie dann aber ganz wohl gewesen, sodass er schon fürchtete, es sei nichts mit den Hoffnungen.

Ein paar glückliche Wochen waren Sisi in Ischl vergönnt, Ludovika war mit Nené und »Gackel« angereist, später kamen ihre Tanten, die Königinnen von Sachsen und Preußen. In der »Kaiservilla« wurde eifrig um- und ausgebaut. Die Atmosphäre war so heiter und familiär entspannt, dass Sisi ihren Kummer vergaß und sogar zu ihrer Schwiegermutter liebevoll freundlich war.

Zurück aus dem Salzkammergut aber wurde Sisi mit dem Fortschreiten der Schwangerschaft von Woche zu Woche depressiver. Eitel und schon damals peinlich auf ihre schlanke Figur bedacht, litt sie unsäglich unter ihrer zunehmenden Unförmigkeit. Sie hätte sich am liebsten eingeschlossen und versteckt. Aber genau das untersagte ihr Sophie – die ja selbst so lange darunter gelitten hatte, dass sich Kindersegen nicht und nicht einstellen wollte. Sie nötigte ihre 16-jährige Schwiegertochter immer wieder dazu, sich in der Öffentlichkeit zu zeigen. Ausgerechnet in dieser Zeit ließ sie die Sperre des Parks von Laxenburg aufheben, sodass wildfremde Menschen jederzeit zu den Fenstern des Schlosses hereinsehen konnten. Sisi schloss sich noch öfter ein, legte am Schreibtisch den

Kopf auf die Arme und weinte hemmungslos. Marie Festetics hielt Jahre später Sisi's Erinnerungen an ihre Schwiegermutter in dieser Zeit fest: »Kaum war sie da, schleppte sie mich schon hinunter in den Garten und erklärte, es sei meine Pflicht, meinen Bauch zu produzieren, damit das Volk sehe, daß ich tatsächlich schwanger bin. Es war schrecklich. Dagegen erschien es mir als Wohltat, allein zu sein und weinen zu können.«[3]

Für Franz Joseph, der in seine Sisi nach wie vor heftig verliebt war, stellten die Monate der Schwangerschaft eine harte Bewährungsprobe dar. Sisi litt unter Brechreiz und Depressionen und weigerte sich, das Bett mit ihm zu teilen. »Es ist durchaus möglich, daß Elisabeth, deren Phantasie vornehmlich durch Märchen gespeist worden war, sich von der nackten Wirklichkeit des Geschlechtslebens schockiert und angewidert fühlte«, schreibt Joan Haslip in ihrer Elisabeth-Biographie. »Von ihrer Schönheit besessen, widerstrebte es ihr vermutlich, sich in einer Zeit, da sie verunstaltet zu sein glaubte, ihrem Mann zeigen zu müssen. Damals liebte sie Franz Joseph noch und war in jeder Hinsicht ganz auf ihn angewiesen ...«[4]

Sophie kommt zur Welt

Am 5. März 1855 weckte Franz Joseph seine Mutter um sieben Uhr früh. Die Wehen hätten eingesetzt, berichtete er in höchster Aufregung. Sophie war sofort zur Stelle. Sie setzte sich mit einer Handarbeit vor die Tür des kaiserlichen Schlafzimmers. Franz Joseph pendelte zwischen Sisi und ihr hin und her. Als die Wehen gegen elf Uhr stärker wurden, wechselte Sophie ins Schlafzimmer über und saß gemeinsam mit ihrem Sohn neben dem Bett der Gebärenden. Die Geburt selbst hielt sie später mit liebevollen Worten in ihrem Tagebuch fest. Sisi habe die Hand ihres Sohnes gehalten und sie mit respektvol-

»Habsburgs jüngste Blüte«. Nach einer für Sisi quälenden Schwangerschaft voller Repräsentationsverpflichtungen wurde die kleine Sophie am 5. März 1855 geboren.

ler Zärtlichkeit geküsst, schrieb sie bewegt. Franz Joseph habe vor Rührung über diese innige Geste geweint. Bei der Entbindung selbst habe sie den Kopf der Gebärenden gehalten, die Kammerfrau Pilat habe ihre Knie umfasst und die Hebamme habe sie von hinten gestützt. Nach einigen guten und langen Wehen sei der Kopf erschienen und gleich danach sei das Kind geboren gewesen. Es habe kräftig geschrien wie ein Kind von sechs Wochen. Sisi habe mit einem Ausdruck rührender Seligkeit gesagt: »Oh, jetzt ist alles gut, jetzt ist mir einerlei, was ich alles gelitten!« Der Kaiser sei in Tränen ausgebrochen, das Paar habe nicht aufgehört, sich zu küssen, und es hätte auch sie mit der lebhaftesten Zärtlichkeit umarmt.

Auch wenn die kaiserliche Familie am Abend dieses aufregenden Tages zufrieden und heiter war, in den Kirchen Dankesgottesdienste abgehalten wurden und der Kaiser in einem Gnadenakt allen wegen Majestätsbeleidigung und Störung der öffentlichen Ruhe Verurteilten ihre Strafe erließ, mischte sich in die Freude ein Wermutstropfen: Sisi hatte nicht den erhofften Thronfolger zur Welt gebracht, sondern »nur« ein Mädchen. Die Folgen waren der jungen Kaiserin nur allzu gut bewusst. Sie hatte »dieses ganze traurige Geschäft noch einmal durchzumachen«, und zwar möglichst bald.[5]

Die Schwiegermutter bestimmt alles

Die Geburt des ersten Kindes zeigte wieder einmal in aller Deutlichkeit, wer in der kaiserlichen Familie das Sagen hatte. Es war Sophie, die der Hebamme Weisungen erteilte. Und sie war es, die als Taufpatin fungierte und dafür sorgte, dass das Neugeborene am nächsten Tag ihr zu Ehren auf die Namen Sophie Friederike Dorothea Maria Josepha getauft wurde – Sisi wurde gar nicht gefragt. Bei der Taufe, die unter größtem Pomp ablief und an der sämtliche Diplomaten aller Länder teilnahmen, fehlte übrigens einer. Der Vertreter Russlands war aus Enttäuschung darüber nicht erschienen, dass der Kaiser dem Zaren im Krimkrieg nicht beigestanden war und auf »Neutralität« bestanden hatte. Und das, obwohl es Russland war, das dem blutjungen Franz Joseph 1849 geholfen hatte, sein ungarisches Königreich zurückzugewinnen.

Sisi war trotz allem vorerst überglücklich über das Kind. Drei Wochen nach der Geburt schrieb sie an Verwandte in Bayern, ihre Kleine sei wirklich schon sehr nett und mache dem Kaiser und ihr ungeheuer viel Freude. Anfangs sei es ihr recht sonderbar vorgekommen, ein eigenes Kind zu haben; es sei wie eine ganz neue Freude und sie habe die Kleine den ganzen Tag bei sich …

Die entzückende Erzherzogin Sophie erhielt ihren Namen von ihrer alles bestimmenden Großmutter Sophie. Sisi wurde das kleine Mädchen vorenthalten, was die Spannungen zwischen der jungen Kaiserin und ihrer Schwiegermutter noch weiter anwachsen ließ.

Die junge Mutter machte ihre Rechnung aber ohne die Schwiegermutter. Gerd Holler in seiner Sophie-Biographie: »Wie sollte sich nun EH Sophie gegenüber diesem ›ätherischen Wesen‹ verhalten, als sich auch noch Nachwuchs in der Ehe des Sohnes einstellte? Konnte dieser komplexbeladenen Ehefrau die Aufzucht eines Kindes überhaupt zugemutet werden, wenn sie schon mit sich selbst nicht zurechtkam? Es wurde ja nicht irgendein Kind geboren, sondern das des Kaisers, vielleicht sogar der Thronfolger! Sophie war nun gezwungen, die Initiative zu ergreifen und die Erziehung des Kindes zu übernehmen.«[6]

Tatsächlich hatte Sophie die »Kammer« für das Kind, also Dienst- und Erziehungspersonal, schon lange vor dessen Geburt bestellt. Sie hatte bestimmt, wer das Kind pflegen und wo seine Räumlichkeiten liegen sollten – nämlich in der Hofburg innerhalb ihrer eigenen Gemächer, in einem ganz anderen Stockwerk als Sisi. Das hatte fatale Folgen. Jedes Mal, wenn diese ihr Kind sehen wollte, musste sie steile Treppen hinaufsteigen und litt als Klaustrophobikerin furchtbare Qualen. Endlich oben angelangt, hatte sie so gut wie nie Gelegenheit, mit der kleinen Sophie allein zu sein. Personal war immer anwesend und meist war auch die Schwiegermutter da, denn bei ihr hatte Sisi um Erlaubnis anzusuchen, das Kind sehen zu dürfen. Immer wieder kam es zudem vor, dass diese bei Sisi's Erscheinen gerade dabei war, das Kind fremden Menschen zu zeigen, ganz so, als wäre es ihr eigenes. Nur zu gut verständlich, dass die junge Mutter von Woche zu Woche unglücklicher wurde. Großmutter Sophie hingegen war in ihrem Element. Sie beobachtete jede Regung des erstgeborenen Kindes ihres Sohnes mit größter Aufmerksamkeit und führte über seine Entwicklung genauestens Buch. Jeder neue Zahn fand Erwähnung in ihrem Tagebuch.

Im Juni 1855 hatten die jungen Eltern die kleine Sophie bei sich in Laxenburg. Franz Joseph beobachtete ihre Entwicklung liebevoll und mit größtem Interesse. Am 9. Juni zum Beispiel teilte er seiner Mutter schriftlich mit, »die Kleine« sei am Vortag geimpft worden und befinde sich sehr wohl und frisch. Vor den »Gelsen« sei sie durch ein Netz an ihrem kleinen Wagen geschützt, desto mehr hätten sie alle darunter zu leiden.

Als Franz Joseph wenig später zu einer Truppeninspektion nach Galizien aufbrach, war Sisi aus Kummer darüber, allein in Wien bleiben zu müssen, außer sich und sie vergoss bittere Tränen. Zum ersten Mal seit der Hochzeit erlaubte ihr der Kaiser daher, nach Bayern zu fahren, in ihr geliebtes Possenhofen. Sisi reiste zwar in Begleitung ihres großen Gefolges, dennoch war es ihr vergönnt, im Kreise ihrer Familie unbeschwerte Wochen zu verleben. Sie durfte jeden Tag ausreiten, auch bei strömendem Regen, wurde von niemandem getadelt oder zurechtgewiesen. Nach Lust und Laune konnte sie – übrigens bis zur völligen Erschöpfung ihrer Hofdamen – lange Bergtouren unternehmen oder mit ihrem Vater und ihren Brüdern um immer noch gewagtere Reiterkunststücke wetteifern. Und siehe da: Die junge Kaiserin erfreute sich bester Gesundheit, keine Spur von Husten oder sonstigen Unpässlichkeiten.

Sisi wird noch schöner

Sisi hatte sich in dem Jahr ihrer Abwesenheit aus Possenhofen auch optisch verändert. Sie war noch gewachsen, hatte nach der Geburt des Kindes ihre gute Figur zwar rasch zurückbekommen, wirkte jetzt aber reifer, femininer und bezaubernd hübsch. Dass ihr Franz Joseph aufgetragen hatte, an die Schwiegermutter laufend Berichte über ihr Befinden zu schicken, belastete sie nicht. Sie hielt die Briefe möglichst knapp und sachlich und unterfertigte sie kühl mit »Ihre ergebene Schwiegertochter Elise«. Und dass sie ihr kleines Kind so ohne Weiteres in Wien zurückgelassen hatte, bereitete ihrer Mutter Ludovika mehr Kummer als ihr selbst. Sie genoss ihre Freiheit und die Abwesenheit von den Zwängen des Wiener Hofes.

Die Wirklichkeit holte sie wenige Wochen später mit voller Wucht ein. Als Sisi nach einigen heiteren, gemeinsam mit Franz Joseph in Ischl verbrachten Tagen nach Wien zurückkehrte, empfand sie die Situation noch unerträglicher als zuvor. Die kleine Sophie erkannte ihre Mutter nicht wieder, und die große Sophie hatte alles fest im Griff. Das Kind kränkelte oft, es erbrach sich häufig, das stellte auch Dr. Seeburger vor ein Rätsel. Sisi aber wurde nicht einbezogen. Ärzte und Pflegepersonal nahmen nur Weisungen der Großmutter entgegen, die leibliche Mutter des Kindes wurde behandelt wie ein Besuch – ein wenig willkommener.

Erst als Sophie im August 1855 nach Ischl abreiste, waren der jungen Familie unbeschwerte Wochen in Laxenburg vergönnt. Schon am 7. August schrieb Franz Joseph an seine Mutter, sie seien alle sehr wohl und die Kleine sei besonders an diesem Tag sehr lustig. Ganz der liebevolle, vergnügte Papa, berichtete er, sie habe in einem fort gejauchzt und sei sehr damit beschäftigt, ihren Fuß in den Mund zu stecken und daran zu »schnullen«. Sie scheine viele gymnastische Anlagen zu haben. Zehn Tage später berichtete er aus Laxenburg, es sei schon seit einer Woche kalt und veränderlich, habe viel geregnet und der Wind sause fast beständig. Die Kleine könne daher nicht immer im Garten sein und langweile sich sehr im Zimmer. Sie mache jetzt oft Versuche, sich aufzusetzen, es gelinge ihr aber noch nicht. Auf dem Arm sitze sie aber schon ganz gerade.

Was für ein stolzer, rührend besorgter Vater der junge Kaiser Franz Joseph war, zeigt auch sein Brief vom 27. August an seine Mutter in Ischl. Darin teilte er ihr seine Reisepläne für Anfang September mit. Er wolle sich am 6. September mit Sisi in Bruck treffen, mit ihr gemeinsam nach Rottenmann fahren, dort übernachten und am folgenden Tag nach Ischl reisen. Die Kleine aber werde über Lambach nach Ischl fahren und dort vermutlich vor ihren Eltern eintreffen. Nun war es seine größte Sorge, dass Schwiegermama Ludovika, die bereits am 4. September nach Ischl kommen wollte, das Kind schon zu sehen bekomme, bevor Sisi und er da wären. Franz Joseph ersuchte seine Mutter daher, dies zu verhindern.

Sophies politische Verstrickungen

Der Herbst des Jahres 1855 war die Zeit, in der die Beliebtheit Sophies sank, und das nicht nur wegen ihrer nach wie vor unerbittlichen Haltung den Revolutionären von 1848 gegenüber. Weite Teile der Bevölkerung schrieben die russenfeindliche

Haltung des jungen Kaisers ihrem Einfluss zu. Und auch beim Konkordat, das Kaiser Franz Joseph zu seinem 25. Geburtstag unterzeichnet hatte, ortete man Sophie und ihren Intimus, den erzkonservativen Erzbischof Rauscher, als treibende Kraft. Dieses Konkordat, das der Kirche die Macht über die Ehegerichtsbarkeit und die Schulen erteilte, war ein Triumph des politischen Katholizismus. Es wurde von Liberalen, Wissenschaftlern und Künstlern als echter Rückschritt empfunden, als Kapitulation des Staates vor dem Herrschaftsanspruch der Kirche.

Sisi beschäftigte sich nicht mit politischen Themen. Dazu war sie zu jung und zu unerfahren. Sie lehnte es auch ab, Bittgesuche zu bearbeiten. Ihre Majestät nehme auf Staatsgeschäfte keinen Einfluss, hatten ihre Mitarbeiter zu bestellen. Und doch: In Sisi sahen liberale und fortschrittliche Kräfte eine politische Hoffnung. Und das nicht zu Unrecht. Seit seiner Hochzeit zeigte sich der glückliche, schwer verliebte Kaiser liberalen Ideen aufgeschlossener. Auch dass drastische Maßnahmen wie der Spießrutenlauf und die Kettenstrafe in Gefängnissen abgeschafft wurden, schrieb das Volk Sisi's Einfluss zu. Ganz konkret war der positive Einfluss bei der Geburt der Kinder spürbar. Schon als Sophie zur Welt kam, hatte der Kaiser Amnestien und Gnadenakte gewährt, das wiederholte sich auch, als im Juli 1856 das zweite Kind des Paares geboren wurde, ebenfalls eine Tochter, Gisela.

Sisi wehrt sich

Kaum war Gisela geboren, wiederholten sich die Vorgänge wie bei der ersten Kaisertochter. Großmutter Sophie dirigierte auch dieses Kind in die »kaiserliche Kindskammer« und entzog es dem Einfluss seiner Mutter. Sisi war empört, schäumte vor Wut. Anders als im Jahr zuvor, in dem sie sich dem Diktat der Schwiegermutter in nahezu kindlicher Demut und Folgsamkeit gebeugt hatte, reagierte sie nun selbstbewusst und stark. Sie hatte an Selbstvertrauen gewonnen, war durch die Geburt des zweiten Kindes gereift und wurde mehr und mehr ihrer Stellung als erste Frau des Reiches bewusst. Sie trat Sophie forsch gegenüber, forderte die Verlegung der »Kindskammer« in ihre Nähe – und riskierte den Ausbruch des offenen Streites.

Franz Joseph betete seine nach der Geburt des zweiten Kindes noch hübscher und attraktiver gewordene Sisi an. So sehr, dass er über seinen eigenen Schatten sprang und zum ersten und einzigen Mal gegen seine Mutter auftrat. Den Helden-Lorbeer freilich verdiente er sich dabei nicht. Er teilte seiner Mutter am 30. August 1856 in der Frühe um 4 Uhr 30 in aller Eile, vor seiner Abreise nach Gran, seinen gemeinsam mit Sisi gefassten Entschluss mit, »die Kinder in die Radetzky-Zimmer zu geben, die geräumig sind und wo sie sich bei etwaiger Notwendigkeit auch ausbreiten können, was oben doch immer mit Schwierigkeiten verbunden ist …«[7]

Sophie reagierte erwartungsgemäß wutentbrannt. Ihr Zorn aber ging ins Leere, denn als sie der Brief erreichte, waren Franz Joseph und Sisi bereits auf einer Reise durch die Steiermark und Kärnten. Und gerade diese Reise verband das junge Kaiserpaar eng miteinander. Es genoss die Pracht des Hochgebirges, unternahm in alpenländischer Tracht einen Aufstieg auf den Großglockner und wurde von der Bevölkerung überall begeistert aufgenommen und bejubelt. Sisi bekam die Alpenluft gut, ihr Gesundheitszustand besserte sich rasch, nicht zuletzt, weil sie als Medizin auch Eisen bekam. Die Hochstimmung des Paares konnten auch die beiden bitterbösen Briefe Sophies nicht trüben, in denen sie ihrer Empörung darüber Luft machte, dass ihr die Kinder entzogen werden sollten, und in denen sie sogar drohte, in diesem Fall aus der Hofburg auszuziehen.

Franz Joseph beantwortete diese Briefe vorerst nicht. Er stand jeden Tag um vier Uhr früh auf, um auch unterwegs

Die kaiserliche Familie, ergänzt um Erzherzogin Gisela, die am 12. Juli 1856 zur Welt kam. Selbstbewusster als noch vor einem Jahr, kämpfte Sisi darum, die »kaiserliche Kindskammer« in die Nähe ihrer Gemächer zu verlegen – mit Erfolg.

die Berge von Akten bearbeiten zu können, die ihm nachgeschickt wurden, und schob das Thema hinaus. Zurück in Wien aber wurde er umso deutlicher. Am 18. September wiederholte er von Schönbrunn aus schriftlich den mit Sisi nach reiflicher Überlegung gefassten Entschluss. Die Kinder sollten in die Radetzky-Zimmer kommen, das Argument, sie hätten dann weniger Sonne, erschreckte Sisi und ihn nicht, da ja die wenigsten Kinder in der Stadt Sonne hätten und doch recht gut gediehen. Und schließlich ersuchte er sie: »… ich bitte Sie jedoch inständigst, Sisi nachsichtig zu beurteilen, wenn sie vielleicht eine zu eifersüchtige Mutter ist, – sie ist ja doch so eine hingebende Gattin und Mutter! …«[8]

Franz Joseph hatte sich mit diesem Brief weit vorgewagt. Er beschrieb auch das peinliche Gefühl, das er und Sisi darüber empfunden hätten, dass ihre Kinder ganz in Sophies Wohnung eingeschlossen waren, dann die Qual, dass die arme Sisi vor der Geburt des zweiten Kindes »mit ihrem oft so schweren

Volumen« die Treppe »heraufkeuchen« musste, dass sie später die beiden Kinder nur selten alleine vorgefunden habe, dass sie Fremde bei ihnen gesehen habe, denen sie, Sophie, die Kinder zeigte, was auch ihm die Zeit mit den Kindern verkürzt habe, abgesehen davon, »daß das Produzieren und dadurch Eitelmachen der Kinder mir ein Greuel ist«.[9]

Sophie war von diesem Entschluss ihres Sohnes schwer getroffen. Sie musste schmerzlich zur Kenntnis nehmen, dass er ihrem Einflussbereich langsam entglitt und dass Sisi einen Sieg davongetragen hatte. Sie fügte sich dem Willen Franz Josephs, die Kluft zwischen Sisi und ihr aber wurde tiefer und tiefer. Daran, aufzugeben, dachte sie aber nicht. Wie Gräfin Marie Festetics später formulierte, habe sie ihre Ambition immer zwischen die beiden Gatten gedrängt – immer mit einer Entscheidung zwischen Mutter und Frau, und es sei eine Gnade Gottes gewesen, dass es nicht zu einem Bruch führte.

Politische Turbulenzen

Politisch brachte das Jahr 1856 große Veränderungen. Der Krimkrieg war mit dem Frieden von Paris zu Ende gegangen, die einstigen Freunde Russland und Österreich waren jetzt erbitterte Gegner, davon profitierte Preußen. In Oberitalien gärte es. Die italienische Einigungsbewegung war voll im Gang, in den österreichischen Provinzen Lombardei und Venetien herrschte Aufruhr, der Hass auf die österreichische Herrschaft war unübersehbar. Franz Joseph aber hielt an diesen Gebieten eisern fest. Sie abzutreten oder zu verkaufen, kam absolut nicht in Frage. Er setzte vorerst auf militärische Gewalt. Statt Ordnung zu schaffen, bewirkte die Unterdrückungspolitik jedoch, dass sich auch die letzten Kaisertreuen abwandten.

In dieser Situation plante Kaiser Franz Joseph einen Staatsbesuch in Oberitalien. Sein Ziel war natürlich, in den unruhigen Gebieten Präsenz zu zeigen. Dabei sollte ihn Sisi unterstützen. Noch gut war ihm in Erinnerung, wie sehr es ihr gelungen war, in Böhmen und Mähren, in Kärnten und der Steiermark die Menschen mit ihrem jugendlichen Liebreiz und mit ihrem Charme zu gewinnen. Wo immer das junge, hübsche Kaiserpaar aufgetaucht war, hatte es Jubel und Begeisterung gegeben. Warum sollte diese Charme-Offensive nicht auch in Italien greifen?

Sisi war von den Reiseplänen auf Anhieb begeistert. In der Wiener Hofburg stand ein frostiger Winter bevor, und das nicht nur, weil das alte Gemäuer schwer zu beheizen war, sondern auch, weil die Spannungen zwischen der jungen Kaiserin und ihrer Schwiegermutter die Stimmung zum Einfrieren brachten. Da schien die Italienreise eine wunderbare Alternative. Sisi hatte überdies noch gut in Erinnerung, wie ihr Onkel, König Ludwig, von Venetien und der Lombardei geschwärmt hatte. Nach diesem Land der Träume hatte sie sich lange gesehnt. Vorerst stellte sie die geplante Reise jedoch vor eine Reihe nicht unerheblicher Probleme. Sisi hatte im Bezug auf die Kinder gerade einen entscheidenden Sieg über Sophie errungen, Sophie und Gisela waren in die Radetzky-Zimmer übersiedelt, in unmittelbare Nähe der vom Kaiserpaar bewohnten Appartements. Dazu kam, dass sie die kleine Sophie bei ihrer Rückkehr aus der Steiermark und Kärnten in besorgniserregendem Zustand vorgefunden hatte. Das Kind war blass und abgemagert, es hustete und erbrach sich häufig. Die Kinder wieder allein zurückzulassen, widerstrebte ihr daher. Also fasste sie den Entschluss, zumindest Sophie mitzunehmen.

Erzherzogin Sophie hatte die blutigen Revolutionsjahre in Wien nicht vergessen. Sie erinnerte sich ganz genau daran, wie der Pöbel gegen die Mauern der Hofburg angerannt war und wie die grässlich verstümmelte Leiche des Kriegsministers auf einer Laterne aufgehängt worden war. Sie steckte als treibende Kraft dahinter, dass der inzwischen 90-jährige, nach den Worten Franz Josephs »entsetzlich veränderte und verkinderte« Marschall Radetzky, der längst Gnade walten lassen wollte, mit voller Härte gegen aufständische Italiener vorging. Als sie von Sisi's Entschluss hörte, das Kind auf diese Reise mitzunehmen, reagierte sie daher empört. Italien sei ein Heerlager und kein Kurbad und daher als Aufenthaltsort für ein zartes, kränkelndes Kind ungeeignet, ließ sie verlauten. Sisi aber, inzwischen gereift und mutig geworden, entgegnete, gerade das milde Klima würde dem Kind guttun.

Die kaiserliche Familie gemeinsam in Italien

Während in Wien die Wogen zwischen Sisi und ihrer Schwiegermutter hoch gingen, löste der bevorstehende Staatsbesuch in Italien geradezu Panik aus. Die Städte Venedig und Mailand, nach dem Aufstand von 1848 durch hohe Geldbußen und Beschlagnahmen ohnehin am Rand des Ruins, hatten aus öffentlichen Mitteln herrschaftliche Paläste zu adaptieren. Politisch Verdächtige wurden schon im Vorhinein eingesperrt, bald drängten sich Tausende Menschen in den überfüllten Gefängnissen und Hausdurchsuchungen und Überprüfungen waren an der Tagesordnung. Das liebliche, verträumte Land, von dem König Ludwig geschwärmt hatte, bekam Sisi daher nicht zu sehen. Schon zur Begrüßung in Triest fand sich eine schweigende, düster dreinblickende Menschenmenge ein. Und später zeigte der Adel seine Abneigung unverhohlen. Zu dem von vielen befürchteten Attentat kam es jedoch nicht, es blieb bei kleineren Sabotageakten.

Die kaiserliche Familie reiste mit großem Gefolge. Mit von der Partie war Erzherzog Ferdinand Maximilian, der spätere Kaiser Maximilian von Mexiko. Ihn betraute sein Bruder Franz Joseph 1857 mit dem schwierigen Amt des Generalgouverneurs von Lombardo-Venetien. Auch die kleine Sophie

Tableau anlässlich des Staatsbesuchs der kaiserlichen Familie in Italien 1856/57. Gegen den Willen der Kaisermutter Sophie nahm das junge Paar die kleine Sophie mit nach Lombardo-Venetien. Gisela blieb in der Obhut ihrer Großmutter in Wien zurück.

hatte einen ganzen Stab von Kinderfrauen und Betreuerinnen. Die Großmutter in Wien wurde minutiös auch über alle familiären Ereignisse unterrichtet. So schrieb Franz Joseph am 4. Dezember an seine »liebe Mama« aus Venedig, sie alle seien recht wohl, Sisi habe anfangs ziemlich gehustet, das beschränke sich jetzt jedoch nur noch auf Diners, bei denen die Hitze Hustenkrämpfe auslöse. Die kleine Sophie »arbeite« an einem Stockzahn, sei aber sonst sehr wohl und besonders lustig, weil sie sich ohne Gisela ganz der Aufmerksamkeit der Kinderfrau erfreuen könne. Ende Dezember schließlich bedankte er sich bei seiner Mutter für ein kleines Porträt von Gisela, das sie Sisi geschickt hatte, und berichtete, die kleine Sophie sei recht wohl und heiter, obwohl sie wieder mit einem Stockzahn zu tun habe. Sie spreche schon recht viel, könne alles nennen, wenngleich noch ziemlich undeutlich. Sisi hingegen sei leidend gewesen, sie habe sich verkühlt, huste viel, habe Kopf- und Halsschmerzen und leide unter dem Bewegungsmangel.

Am Ende des knapp viermonatigen Staatsbesuches, in dessen Verlauf das Kaiserpaar immer wieder vom italienischen Adel boykottiert und brüskiert worden war, wurde die kleine Sophie auf getrennten Wegen nach Hause geschickt. Begleitet von Max reiste sie über Verona und Venedig nach Triest und dann weiter über Laibach. Sie langte Mitte März wohlbehalten in Wien ein. Eine lange Zeit der Ruhe und Erholung war dem Kind allerdings nicht vergönnt.

Kaum zurück in Wien, liefen die Vorbereitungen für die nächste große Reise des Kaiserpaares an. Diesmal sollte es nach Ungarn gehen. Und auch diesmal setzte Franz Joseph neben Amnestien und bestimmten Entgegenkommen wieder auf den Liebreiz und den Charme seiner hübschen Gattin. Anders als in Italien erhofften sich die Ungarn von Sisi von Anfang an viel. Sie wussten, dass Graf Mailáth ihr Interesse für die ungarische Geschichte geweckt hatte und dass sie Freiheitsbewegungen aufgeschlossen gegenüberstand. Die anlässlich der Hochzeit gewährten politischen Lockerungen waren auch unvergessen.

Mit beiden Kindern nach Ungarn

Auch dieses Mal bestand Sisi darauf, nicht ohne ihre Kinder zu reisen. Wie schon vor dem Aufbruch nach Italien wollte sie verhindern, dass Erzherzogin Sophie die beiden Kinder ganz für sich okkupierte. Und wie damals protestierte Sophie ebenso heftig wie vergebens. Sisi setzte durch, dass beide Kinder mit auf die Reise gingen. Und das, obwohl die kleine Sophie vor der Abreise unpässlich war. Franz Joseph schrieb seiner Mutter am 19. Mai aus Ofen, sie sei mit Fieber und etwas Diarrhoe unwohl geworden. Die Ärzte hätten aber gesagt, es sei vom Zahnen. Es sei jedoch bald eine Art Ruhr daraus geworden, denn sie habe auch etwas Blut gemacht und den ständigen Drang zu Entleerungen gehabt.

Die kaiserliche Familie reiste dennoch planmäßig ab, per Schiff die Donau abwärts über Pressburg nach Budapest, das damals noch aus drei Stadtteilen, Buda, zu Deutsch Ofen, Pest und Óbuda bestand. Sie nahm in dem von Maria Theresia ausgebauten Burgschloss über der Donau Quartier. So sehr die weiblichen Reizen gegenüber immer sehr aufgeschlossenen Ungarn auch von der Schönheit und dem Charme der kaum 20-jährigen Sisi angetan waren, so zurückhaltend verhielten sie sich vorerst. Das zeigte sich beim ersten Hofball, bei den Militärparaden und Empfängen.

Sisi hingegen war von den ungarischen Magnaten auf Anhieb fasziniert. Ihre farbenprächtigen Kostüme, ihr stolzes Auftreten, ihre Tänze und ihre Leidenschaft für Pferde und das Reiten, all das stand in krassem Gegensatz zu der Tristesse des von Erzherzogin Sophie dominierten Wiener Hofes. Und dort waren gerade die letzten Wochen vor der Ungarn-

1857: Noch einmal ist die kaiserliche Familie vereint: Sisi und Franz Joseph mit ihren beiden Töchtern Sophie und Gisela, außerdem Sophie und Franz Karl, die Eltern Franz Josephs. Noch im selben Jahr wird die kleine Sophie in Ungarn vermutlich an Typhus sterben.

reise besonders unangenehm verlaufen. Erzherzogin Sophie hatte ihre Enttäuschung darüber, dass Sisi nicht schwanger aus Italien zurückgekehrt war und endlich Hoffnung auf einen Thronfolger gab, offen gezeigt. Und nicht nur das, sie hatte ihre Schwiegertochter wegen ihrer täglichen Turn- und Gymnastikübungen kritisiert, hatte nicht das geringste Verständnis dafür gezeigt, dass sie zugunsten ihrer Wespentaille extrem wenig aß und hatte sogar die engen, ihre schmale Taille betonenden Kleider mit ausladendem Reifrock bekrittelt, die Sisi so gerne trug und die in Paris Mode waren.

Von all diesen unangenehmen Reibereien boten die Tage in Ungarn eine willkommene Ablenkung. Die Stimmung verbesserte sich von Tag zu Tag, wurde herzlicher und wärmer. Vollends begeistert waren die Ungarn, als die junge Kaiserin neben ihrem Gatten hoch zu Ross eine Militärparade abnahm. In bester Stimmung sah das Kaiserpaar auch der Reise entgegen, die nach Oberungarn und Kaschau führen sollte. Da trat plötzlich eine Wende im Befinden der Kinder ein. Während sich die kleine Sophie von Fieber und Diarrhoe erholt hatte, erkrankte nun Gisela. Das Kaiserpaar verschob die Reise. In seinem Brief vom 19. Mai an seine Mutter konnte Franz Joseph dann aber berichten, dass sich Gisela von den letzten Anfällen gut erholt habe, sie sehe gut aus, habe frische Augen, sei sehr lebendig und entwickle sich sichtlich.

Das „arme Baby" todkrank

Dem »armen Baby« Sophie hingegen ging es weniger gut. Franz Joseph berichtete seiner Mutter, das Fieber, unter dem sie in Wien gelitten hatte, habe zwar aufgehört, sie schwitze aber viel und der Drang dauere an, allerdings ohne Blutentleerung, nur Schleim und Galle. Sie habe die ganze Nacht nur eineinhalb Stunden geschlafen, sei sehr nervös und schreie und weine immerwährend, dass es einem das Herz zerreiße. Die Kleine sei sehr angegriffen von den beständigen Leiden und dem gänzlichen Mangel an Nahrung und sehe jämmerlich aus. Seeburger sei aber nicht besorgt, er sage, es sei nur der Mastdarm und werde sich in einigen Tagen geben. Die Eltern hätten das Kind überdies allein zurückzulassen, da sie zu einer acht Tage dauernden Exkursion von Tokaj nach Szolnok aufbrechen müssten.

Nach fünftägiger Reise erreichte das Kaiserpaar in Debrezin die Nachricht, dass sich Sophies Gesundheitszustand dramatisch verschlechtert hatte. Sisi und Franz Joseph kehrten auf schnellstem Weg nach Ofen zurück, wo sie gegen Mitternacht eintrafen. Elf Stunden lang mussten sie dem Todeskampf des Kindes zusehen. Am 29. Mai 1857 sandte Kaiser Franz Joseph seiner Mutter um 12 Uhr 45 ein Telegramm nach Prag: »Wir sind um ½ 11 Uhr hier angekommen und haben die Kleine sehr schlecht gefunden. Sie ist sehr schwach, hat immerwährend Diarrhöe, welche übrigens jetzt etwas vermindert ist. Die Augen sind matt. Das Erbrechen hat heute aufgehört. Die Ärzte geben noch nicht die Hoffnung auf. Wir sind in der schmerzlichsten Angst.«[10]

Sophie verstarb anderen morgens um 9 Uhr 30. Als Todesursache wurde im Nachhinein Typhus angenommen. Die Nachricht vom Tod des Kindes erging um 11 Uhr 15 an Obersthofmeister Graf Wurmbrand. An ihn telegraphierte der Kaiser: »Sorgen Sie, daß der Inhalt der folgenden Depesche meinen Eltern mit Vorsicht beigebracht werde: Unsere Kleine ist ein Engel im Himmel. Nach langem Kampfe ist sie zuletzt ruhig um ½ 10 Uhr verschieden. Wir sind vernichtet. Sisi ist voll Ergebung in den Willen des Herrn.«[11]

Gisela – der Engel aus Wien

(12. JULI 1856, LAXENBURG – 27. JULI 1932, MÜNCHEN)

Als Sisi Ende des Jahres 1855 abermals guter Hoffnung war, gab es in der kaiserlichen Familie und im ganzen Kaiserreich nur einen Wunsch: ein Thronfolger! Erzherzogin Sophie hätte bei der Geburt eines Sohnes endlich aufatmen können, denn dann hätte die Monarchie den heiß ersehnten Thronerben gehabt. Und die Bevölkerung, die gerade schwere Zeiten durchlebte, hätte auf großzügige Spenden des Kaisers zählen können. Ganz in diesem Sinne trafen aus allen Ecken und Enden des Reiches Ratschläge für die werdende Mutter ein, was sie tun könne, um einen Sohn zur Welt zu bringen. Sogar der Rabbiner von Pest meldete sich zu Wort. Er riet dazu, während der Geburt ein hebräisches Gedicht an der Tür anzubringen.

Launen und Depressionen

Sisi stand vom Anfang dieser Schwangerschaft an unter enormem Druck. Das wirkte sich auch auf ihre Stimmung aus. Sie war launenhaft und depressiv, fühlte sich in den Wintermonaten in den finsteren, schwer zu beheizenden Räumen der Hofburg eingeengt und bedrückt. Sie beschwerte sich über den mangelnden Komfort – im Unterschied zu den prächtig ausgestatteten Palais der Wittelsbacher in München verfügten weder die Hofburg noch Schönbrunn zum damaligen Zeitpunkt über den Luxus von Badezimmern. Und sie fand es unerträglich, dass Sophie die »Kindskammer« weit entfernt von ihrem Appartement eingerichtet hatte.

Franz Joseph hatte für Sisi's Sorgen wenig Zeit. Er, der erste Diener seines Staates, saß Tag für Tag über seinen Akten. Und mehr als der Konflikt zwischen Sophie und Sisi beschäftigte ihn im Winter 1856 der Friedensvertrag von Paris, mit dem der Krimkrieg zu Ende gehen und der ihm letzten Endes mehr Feinde als Freunde bringen sollte. England und Frankreich und vor allem Russland, das sich von ihm schmählich im Stich gelassen fühlte, nahmen es ihm ausgesprochen übel, dass ausgerechnet er die Friedensbedingungen diktierte, obwohl er auf der Krim keinen einzigen Soldaten verloren hatte.

Wie fürsorglich und liebevoll Franz Joseph trotzdem mit seiner jungen Frau auch am Ende dieser Schwangerschaft umging, zeigen seine Briefe. Am 24. Juni 1856 zum Beispiel, als sich das Kaiserpaar bereits in Laxenburg befand, schrieb er an seine Mutter, er werde erst später am Abend in Schönbrunn bei ihr erscheinen, er wolle zuvor Sisi noch etwas Gesellschaft leisten und dann alleine nach Wien kommen, da es für sie doch besser sei, wenn sie nicht mehr so weit fahre und sich nicht mehr »fatiguiere«, also ermüde.

Das zweite Kind: wieder ein Mädchen!

Die Geburt selbst verlief rasch und problemlos. Franz Joseph verständigte seine Mutter am frühen Morgen des 12. Juli, dass die Wehen eingesetzt hätten. Sophie eilte sofort nach Laxenburg, und dort kam um 6 Uhr 35 das zweite Kind des Kaiserpaares zur Welt. Auf die bange Frage, was es denn sei, soll Franz Joseph lange herumgedruckst haben. Als er ihr schließlich sagen musste, dass es kein Thronerbe war, soll er jedoch gütig scherzend gesagt haben, weil sie dem Rat des Rabbiners nicht gefolgt sei.

Am 12. Juli 1856 kommt »Gisella« zur Welt. Ihr Name wurde in Anlehnung an die bayrische Prinzessin Gisela gewählt, die als Urmutter der Christianisierung in Ungarn galt.

Die zweite Tochter des Kaiserpaares wurde am Tag nach ihrer Geburt auf die Namen Gisella Louise Marie getauft, auf das zweite »l« in Gisela wurde später allerdings immer verzichtet. Für den Namen entschied sich die kaiserliche Familie nach der aus Bayern stammenden Prinzessin Gisela, die im Jahr 955 mit dem aus dem Hause der Arpaden stammenden späteren Ungarn-König Stephan I. vermählt wurde und als Urmutter der Christianisierung Ungarns galt. Taufpatin der kleinen Erzherzogin aus dem Hause Habsburg war ihre Großmutter Ludovika. Diese war allerdings, wie schon bei der Geburt ihrer ersten Enkelin Sophie, nicht in Wien erschienen, um ihrer Tochter Sisi beizustehen. Über ihr für die damalige Zeit durchaus unübliches Fernbleiben wurde am Wiener Hof viel spekuliert. Eine Erklärung dürfte sein, dass sie es vermeiden wollte, die Eifersucht Sophies zu provozieren. Und diese übernahm in Vertretung Ludovikas nur allzu gerne auch bei diesem Kind die Rolle der Taufpatin. Über den Zustand von Mutter und Kind informierten Leibarzt Seeburger und Prof. Dr. Bartsch am 13. Juli die Leser der »Wiener Zeitung«: »Ihre Majestät die Kaiserin haben den größten Theil der Nacht ruhig geschlafen und befinden sich den Umständen angemessen wohl. Die neugeborene Erzherzogin ist gesund und kräftig«.

Franz Joseph liebte sein zweites Töchterchen ebenso innig wie sein erstes. Als das junge Paar im Spätherbst 1856 zu seiner Italienreise aufbrach, war es daher ganz in seinem Sinne, dass die kleine Sophie mit auf die Reise durfte, auch wenn böse Zungen später behaupteten, das Kaiserpaar hätte das Kind sozusagen als Schutzschild gegen mögliche Attentate benutzt. Baby Gisela allerdings war für die lange und beschwerliche Reise noch zu klein. Sie musste in Wien bleiben, und nach ihr sehnten sich sowohl Franz Joseph als auch Sisi ständig. Umso größer war die Freude, als die jungen Eltern am 2. Dezember in Venedig ein kleines Porträt von Gisela erreichte. Franz Joseph bedankte sich überschwänglich bei seiner Mutter für das »charmante Porträt«, das sie so gnädig gewesen sei, Sisi zu schicken. Und er fügte an: »Wie werden wir die liebe Kleine verändert und entwickelt finden nach so langer Trennung …«[12]

Die Tragödie in Ungarn

Als das Kaiserpaar im Frühjahr 1857 nach Ungarn aufbrach, war Sisi fest entschlossen, beide Kinder mitzunehmen. Erzherzogin Sophie sprach sich entschieden dagegen aus, nicht zuletzt, weil die kleine Sophie etwas kränkelte. Gegen alle Widerstände gelang es Sisi, sich gegen ihre Schwiegermutter durchzusetzen – und dann nahm das Unglück seinen Lauf.

In Ofen angelangt, erkrankte Gisela an Durchfall und Fieber. Die besorgten Eltern mussten ihre geplante Reise in weiter entfernte Teile Ungarns absagen. Als sich das Kind innerhalb weniger Tage erholte, brachen Sisi und Franz Joseph dann doch nach Jaßbring auf. Sisi war hellauf begeistert, überall säumten Menschen in ihrer bunten Nationaltracht die Straßen und sie bekam herrliche Pferde zu sehen. Da plötzlich, in Debrezin, erreichte das Kaiserpaar die Schreckensnachricht, dass sich Sophies Zustand dramatisch verschlechtert hatte. Es trat in fliegender Eile die Rückreise an, fand das Kind in Ofen in erschütternd schlechtem Zustand und musste schließlich elf Stunden lang mit ansehen, wie es mit dem Tode rang.

Für Sisi bedeutete der Verlust ihres geliebten Kindes den ersten schweren Schock ihres Lebens. Zurück in Wien, weinte sie unentwegt. Ihr Gemütszustand verdüsterte sich von Woche zu Woche. Zu all der Trauer um ihr Kind kamen Selbstvorwürfe. Sie gab sich die Schuld am Tod des Kindes, kam nicht umhin, doch ihrer Schwiegermutter Recht zu geben, die sich so vehement dagegen ausgesprochen hatte, die Kinder auf die Reise mitzunehmen. Sophie, die sich sonst oft wenig einfühlsam, ungeduldig und autoritär verhalten hatte, zeigte sich in dieser traurigen Angelegenheit überaus taktvoll. Von ihr kam kein Wort des Vorwurfs. Selbst schwer vom tragischen Tod des Kindes getroffen, zeigte sie großes Verständnis für Sisi's Kummer.

Gerade dieser Kummer aber schien sich mit der Zeit noch zu vertiefen. Statt langsam abzuklingen und zu verblassen, wurde er von Woche zu Woche schlimmer. Sisi kapselte sich vollkommen ab, ließ niemand anderen an sich heran als den Kaiser und weinte stundenlang. Ihr Zustand war so schlecht, dass Franz Joseph die unterbrochene Reise nach Ungarn alleine fortsetzen musste. Wo immer er hinkam, fand er jedoch das Bild seiner Frau. Die Ungarn hatten Sisi als strahlende, mit Juwelen geschmückte Kaiserin, als leidenschaftliche Pferde-Liebhaberin und als gramgebeugte Mutter erlebt. Sie hatten erkannt, dass sie anders war als ihre ehrgeizige, oft kalt kalkulierende Schwiegermutter. Sie hatten sie ins Herz geschlossen, weil sie jung und schön war und zudem zu tiefen, starken Gefühlen fähig.

Sisi überlässt Gisela der Großmutter

Zu Hause in Laxenburg verfiel Sisi während der Abwesenheit des Kaisers in höchst besorgniserregende Melancholie. Sie verweigerte tagelang das Essen, weinte immer wieder und sprach sogar von Selbstmord. Während der glühend heißen Sommermonate ließ sie sich täglich in einer geschlossenen Kutsche mit verhängten Fenstern zur Kapuzinergruft bringen. Dort weinte und betete sie dann stundenlang am Sarkophag ihres Kindes.

Und doch ging in Sisi eine große Veränderung vor sich. Brigitte Hamann: »Sie gab nach diesem Unglück, an dem sie sich nicht unschuldig fühlte, den Kampf um das verbliebene Kind, die kleine Gisela, auf. Es schien so, als wenn sie die Existenz dieses Kindes gar nicht mehr zur Kenntnis nehmen wollte. Sie kümmerte sich nicht um die Kleine, überließ der Großmutter nun allein das Feld.«[13]

In seiner Ratlosigkeit bat Franz Joseph schließlich Ludovika um Hilfe, und diese reiste mit den drei jüngeren Schwestern Sisi's an. Das lockerte die Atmosphäre etwas auf. Anfang September schrieb Franz Joseph aus Laxenburg, er habe Sisi und Gisela sehr wohl und letztere in ihrer Entwicklung wieder sehr fortgeschritten gefunden. Ganz der stolze, aber auch besorgte Papa beschrieb er, dass Gisela zwar eifrig in ihrer Gehschule herumlaufe, dass es aber mit den Zähnen nicht vorwärts gehen wolle.

Wie heftig der Kummer auch ein halbes Jahr nach dem Tod der kleinen Sophie an beiden nagte, beweist der Brief

Sisi mit Gisela um 1860. Die gramgebeugte Kaiserin war nach dem Tod Sophies nicht in der Lage, ein inniges Verhältnis zu ihrer verbliebenen Tochter aufzubauen. Zu stark waren die Trauer und der Druck der Schwiegermutter sowie des Wiener Hofes.

vom 3. November 1857, den Franz Joseph seiner Mutter nach Monza schrieb. Darin berichtete er zuerst von den recht schönen Tagen, die er mit Sisi und ihrer aus München angereisten Verwandtschaft in Ischl verbracht hatte. Sisi und ihre Schwestern hatten ihn zur Gämsenjagd begleitet, und während des Aufenthaltes der Schwiegermama hätte Sisi gar keine Kopfschmerzen gehabt. In Wien seien sie erst nach Mitternacht angekommen, Sisi sei dennoch sofort an Giselas Bett geeilt, um sie schlafen zu sehen. Als die Eltern Sonntagfrüh zu Gisela kamen, hätte sie sie sofort erkannt und sei sehr herzig gewesen.

Sie sei sehr gewachsen, etwas magerer geworden, sehe aber gut und frisch aus, sei immer sehr lebhaft und beweglich, aber Gottlob gar nicht mehr nervös. Sie laufe schon sehr gut und besonders gerne und sehe, insbesondere in den Bewegungen, immer mehr dem lieben, unvergesslichen Baby ähnlich. Sisi sei sehr ergriffen von allen Erinnerungen, die ihr überall begegneten, und weine viel. Dann beschreibt er eine herzergreifende Szene: »Gestern ist Gisela bei Sisi in dem kleinen roten Fauteuil unserer armen Kleinen, der in dem Schreibzimmer steht, gesessen und da haben wir beide zusammen geweint, Gisela aber immer vor Freude über den neuen Ehrenplatz so herzig gelacht. Vorgestern abends waren wir bei unserem Baby in der Gruft, um den Sarg mit Blumen zu schmücken …«[14]

Umzug in der Hofburg

Einige Tage später meldete er seiner Mutter, die Kleine werde durch das Zahnen recht hergenommen und sei sehr grantig und matt. Und weil bei Sisi die bisher bewohnten Räume der Hofburg immer traurige Erinnerungen weckten, hätten sie sich dazu entschlossen, umzuziehen. Sisi bekomme das Amalienhof-Appartement und könne für Empfänge und Diners die Alexanderzimmer nutzen, er selbst wohne vom Eck der Reichskanzlei bis zum »großen horriblen Saal«, in dem er seine Audienzen geben werde.

Auch die erfreulichen Veränderungen, die der Umzug innerhalb der Hofburg brachte, trugen nicht wesentlich dazu bei, Sisi's Stimmung aufzuhellen. Daran änderte sich auch nichts, als sich im Dezember eine neuerliche Schwangerschaft ankündigte. Im Gegenteil. Jetzt musste Sisi auch noch auf Reiten, Hungerkuren und enge, geschnürte Kleidung verzichten und brav und langsam spazieren gehen. Dazu allerdings hatte sie ab dem Frühjahr in Schönbrunn ungestört Gelegenheit. Im

Unterschied zu Laxenburg blieben dort Teile des Parks für die Öffentlichkeit gesperrt. Der Kaiser begleitete seine junge Frau sooft er konnte, zunehmend nahmen ihn aber seine Regierungsgeschäfte in Anspruch. Und vielleicht war es ihm auch lieber, sich hinter seinen Aktenbergen zu verschanzen, denn es fiel ihm immer schwerer, Verständnis für die Seelenqualen und die komplizierte Psyche seiner Frau aufzubringen. Zu beteuern, dass er seine Sisi, die nur dann nicht kränkelte, wenn Verwandte aus Bayern um sie waren, über alles liebe, wurde er trotzdem nicht müde. In zahllosen Briefen redete er sie als »Mein lieber, einziger Engel« an.

Gisela bekommt einen kleinen Bruder

Am 21. August 1858 brachte Sisi den lang ersehnten Thronfolger zur Welt. Sophie, der Kaiser, ja das ganze Reich atmeten erleichtert auf. Die Einzige, der es schlecht ging, war Sisi.

Gisela hingegen entwickelte sich prächtig. Im September berichtete ihr Vater aus Laxenburg, sie sei von unglaublicher Lebhaftigkeit, immer lustig und habe auch schöne Farben. Gisela liebte ihren kleinen Bruder von Anfang an abgöttisch. Tatsächlich wuchsen die beiden Kinder auch miteinander auf. Sie entwickelten sich mit den Jahren zu einem unzertrennlichen Geschwisterpaar, das eisern zueinander hielt.

Franz Joseph am Kriegsschauplatz

Anfang 1859 spitzte sich die Lage in Italien dramatisch zu. Die Einigungsbewegung schritt unaufhaltsam voran, die habsburgischen Provinzen in Oberitalien, die Lombardei und Venetien, waren bedroht. Piemont-Sardinien, das sich mit Frankreich unter Napoleon III. heimlich verbündet hatte, schürte die politische Unruhe ganz gezielt. Die Wirkung blieb nicht aus. Kaiser Franz Joseph fiel auf die Provokation herein. Österreichische Truppen marschierten in Piemont ein. Der Krieg verlief hoch dramatisch. Österreich hatte 220 000 Mann unter Führung des von Sophie protegierten Feldmarschalls Ferencz József Gyulay an die Front geschickt. Seine Fehler in der Kriegsführung hatten fatale Folgen. Österreich erlitt am 4. Juni in der Schlacht von Magenta eine schwere Niederlage.

In dieser dramatischen Situation hielt es Kaiser Franz Joseph für seine Pflicht, sich selbst in das Feldhauptquartier zu begeben. Sein Entschluss versetzte Sisi in regelrechte Panik. Zum Entsetzen ihrer Schwiegermutter, die auch in dieser Lage Gefasstheit und Entschlossenheit zeigte, weinte sie unablässig und konnte ihre Tränen nicht einmal vor den Adjutanten des Kaisers zurückhalten. Immer wieder flehte sie regelrecht darum, ihren Mann begleiten zu dürfen. Franz Joseph aber lehnte entschieden ab. Umso herzzerreißender war der Abschied des Kaisers am Bahnhof. Um ihm Lebewohl zu winken, wurden die knapp dreijährige Gisela und ihr kleiner Bruder Rudolf in einem Sechsspänner zum Bahnhof gebracht. Der Wagen war bald von einer drängenden Menschenmenge umringt, immer wieder klagten Frauen, vielleicht selbst Mütter, die mit ihren Kindern allein waren, weil ihre Männer an die Front mussten: »Die armen Kinder!«

Sisi begleitete den Kaiser bis Mürzzuschlag, dann kehrte sie nach Wien zurück. Ihre Fassung fand sie so schnell nicht wieder. Sie weinte Tag für Tag, und das auch vor den Kindern. Auf die kleine Gisela färbte ihr trostloser Gemütszustand ab. Eines Tages fand sie ihre Kinderfrau still in eine Ecke gedrückt mit tränennassen Wangen. Auf die Frage, was denn geschehen sei, antwortete das Kind, auch Gisela müsse um den armen Papa weinen.

Der Kaiser konnte in Oberitalien das Ruder nicht mehr herumreißen. Am 24. Juni 1859 führte er in der Schlacht von

Solferino selbst das Kommando – vergebens. Auch diese überaus blutige Schlacht, die übrigens zur Gründung des Roten Kreuzes führte, wurde zu einem dramatischen Verlust für Österreich. Der Krieg endete am 10. November 1859 mit dem Frieden von Zürich. Das Ergebnis: Österreich verlor die Lombardei. Wenig später brach die Herrschaft des Hauses Habsburg auch in der Toskana, in Parma und Modena zusammen, der Nationalstaat Italien entstand. Venetien allerdings verblieb vorerst noch bei Österreich.

Die Niederlage in Italien ließ das Ansehen des Kaisers rasch sinken. Und auch auf dem kaiserlichen Ehehimmel zogen schwere Gewitterwolken auf. Franz Joseph hatte noch vom Kriegsschauplatz ungewöhnlich tadelnde Briefe an seine Frau geschrieben. Die Lebensweise, die sie sich angewöhnt habe – Sisi hatte trotz ihrer ständigen Hustenanfälle zu rauchen begonnen und blieb nächtelang auf –, mache ihn ganz desparat. Er beschwöre sie, dieses Leben gleich wieder aufzugeben und bei der Nacht zu schlafen, die ja von der Natur zum Schlafen bestimmt sei, und nicht zum Lesen und Schreiben. Sisi hingegen war tief gekränkt, dass er ihr nicht erlaubt hatte, ihm an den Kriegsschauplatz zu folgen. Als er es nach seiner Rückkehr überdies vermied, mit ihr über die politische Lage zu reden, und alle ernsthaften Probleme nur mit seiner Mutter und seinen Ratgebern besprach, fühlte sie sich übergangen und nicht ernst genommen. Und als dann auch noch Gerüchte über angebliche Liebschaften des Kaisers zu kursieren begannen, war das Maß endgültig voll.

Hals über Kopf weg aus Wien

Im Juli 1860 verließ Sisi zusammen mit der kleinen Gisela Wien fluchtartig. Sie reiste nach Possenhofen und fand dort, fernab von den Zwängen und Sorgen des Wiener Hofes, Erholung. Mit der Rückkehr nach Österreich hatte sie es nicht eilig. Erst zum Geburtstag des Kaisers am 18. August fuhr sie mit Gisela nach Ischl. Von dort reiste die kaiserliche Familie schließlich gemeinsam nach Schönbrunn, wo Rudolf zurückgeblieben war. In seinem Brief vom 30. August 1860 beschrieb Franz Joseph seiner Mutter das Wiedersehen der Kinder. Sie hätten sich wirklich für ihr Alter unglaublich gefreut, hätten sich in einem fort umarmt und geküsst. Die ersten Tage hätte sich aber Rudolf dann doch geärgert, wenn Gisela mit seinen Spielsachen spielte. Jetzt würden sie sich wieder vortrefflich vertragen ...

Ab den 1860er-Jahren kühlte sich die Beziehung zwischen den kaiserlichen Ehepartnern mehr und mehr ab. Unbestritten ist, dass sie einander zärtlich liebten, am innigsten allerdings, wenn sie voneinander getrennt waren. Kaum waren sie zusammen, offenbarte sich auf dramatische Art, dass sie einander nichts zu sagen hatten, so unterschiedlich waren ihre Interessen geworden. Franz Joseph war mit seinen Regierungsgeschäften voll ausgelastet, die Monarchie war von Krisen geschüttelt, Staatsbankrott, Revolution, Krieg, all das drohte immer wieder. Der Kaiser nahm sein Amt überaus ernst. Er reiste viel, liebte es, zu Manövern oder zu wichtigen Ereignissen auch weit ab von der Reichs- und Residenzstadt zu fahren, und entwickelte sich zu dem »Volkskaiser«, der im Laufe der Jahre jeden Ort seines riesigen Reiches zumindest einmal besucht hatte. Jede freie Minute nutzte er für seine geliebte Jagd und, wie hartnäckige Gerüchte immer wieder behaupteten, für amouröse Abenteuer. Das alles ließ Sisi's Nerven blank liegen.

Sisi vor ihrer Abreise nach Madeira, 1860. Die Kaiserin litt unter unzähligen Krankheiten, sodass Leibarzt Dr. Skoda sogar von Lebensgefahr sprach. Von nun an reiste Sisi von einem Kurort zum nächsten.

Für Sisi gilt: alles, nur nicht Wien

Die Kaiserin litt immer öfter an Husten- und Weinkrämpfen, Blutarmut, Schlaflosigkeit und Depressionen. Bestimmte Symptome ließen überdies den schrecklichen Verdacht aufkommen, dass sie Franz Joseph mit einer venerischen Krankheit angesteckt hatte. Als ihr Gesundheitszustand sich so weit verschlechterte, dass Leibarzt Dr. Skoda bereits von Lebensgefahr sprach, reiste sie auf die Insel Madeira. Das milde Klima wirkte sich auf ihre Gesundheit zwar gut aus, zum ersten Mal empfand sie aber große Sehnsucht nach ihren Kindern und sandte ihnen liebevolle Briefe. Gisela schrieb sie, sie werde ihr schöne, kleine Vögel mitbringen, in einem hübschen Vogelhaus, und dann werde sie »ihr Musik machen« und ihr auch »eine ganz kleine Gitarre zum Spielen bringen«.

Der sechsmonatige Aufenthalt in Madeira bekam Sisi tatsächlich gut. Als sie nach Wien zurückkehrte, war sie bei bester Gesundheit, erholt und schöner denn je. Die Freude aber hielt nicht lange an. Schon nach wenigen Tagen setzten abermals Husten- und Fieberanfälle ein. Repräsentationspflichten waren ihr ein Gräuel. Ihre Tochter Marie Valerie verriet später, Mama habe furchtbares »Hofballkopfweh« gehabt und den Tag speiend und auf der Chaiselongue liegend zugebracht. Was die Wiener zynisch »Kaiserinnenweh« nannten, erhielt von den Ärzten den Namen »galoppierende Lungenschwindsucht«. Diesmal verordnete Dr. Skoda eine Kur auf Korfu. Sisi verließ Wien nur allzu gern. Franz Joseph begleitete sie bis nach Triest, dann segelte sie südwärts. Auf Korfu wurde die Kaiserin von der Bevölkerung zwar freundlich begrüßt, ähnlich wie auf Madeira führte sie aber auch dort ein ruhiges, zurückgezogenes Leben. Sie unternahm lange Spaziergänge, segelte, schwamm, saß stundenlang träumend am Strand – und langweilte sich. An eine Rückkehr allerdings dachte sie trotzdem lange nicht. Der Kaiser wurde in Wien langsam ungeduldig. Er bat sie immer wieder, endlich zurückzukehren, schickte »Vermittler«, vergeblich. Schließlich reiste er selbst nach Korfu, um seine Frau zur Rückkehr zu bewegen, auch das ohne Erfolg – der Kaiser fuhr alleine nach Wien zurück.

Sisi mit ihren Kindern in Venedig

Im Oktober 1861 entschloss sich die Kaiserin endlich dazu, nordwärts zu ziehen. Wien allerdings lehnte sie noch vehement ab. Schließlich gelang es ihr, einen längeren Aufenthalt in Venedig durchzusetzen. Dorthin ließ sie auch die Kinder nachkommen. Ein Separatzug brachte die fünfjährige Gisela

In einer Gondel in Venedig, 1862. Sisi ließ ihre Kinder Gisela und Rudolf zusammen mit ihrer Kinderfrau »Wowo« Welden von Wien nach Venedig reisen. Die lange Zeit der Abwesenheit hatte die Kinder allerdings ihrer Mutter entfremdet.

und den dreijährigen Rudolf samt ihrer Aja Baronin »Wowo« Welden, der Kammerfrau Leopoldine Nischer, den Kindermädchen, einer Französisch-Lehrerin, einem Kaplan und zahlreichen Bediensteten, darunter Rudolfs Lieblingslakei Martin Possega, in die Lagunenstadt.

Für die Kinder muss diese Reise alles andere als erbaulich gewesen sein. Im vergangenen Jahr hatten sie ihre Mutter bis auf kurze, flüchtige Begegnungen so gut wie gar nicht gesehen. Sie waren zwar außer von der Aja und ihren Kinderfrauen von einer ganzen Schar von Betreuerinnen und Bediensteten umgeben, nach einer liebevollen Mutter, die ihre Tränen trocknete, die an ihrem Bett saß, wenn sie krank waren, oder die mit ihnen beim Spielen durch die Kinderzimmer tollte, hatten sie sich vergebens gesehnt. Kein Wunder also, dass das Wiedersehen nicht von überschäumender Freude geprägt war. Und nicht nur das. Bald zeigte sich, dass sich die Kinder Sisi regelrecht entfremdet hatten. Es dauerte eine geraume Weile, bis sie sich in der für sie ungewohnten Umgebung an ihre von starken Stimmungsschwankungen heimgesuchte Mutter gewöhnten. Wie anders war da das Wiedersehen mit »Onkel« Ludwig Viktor. Den jüngsten Bruder Kaiser Franz Josephs liebten die Kinder heiß und innig. Ihn empfingen sie mit »maßlosem Jubel«, als er sie im Januar 1862 in Venedig besuchte.

Auch während des Aufenthalts der Kinder in Venedig versuchte Schwiegermutter Sophie, die Zügel in der Hand zu behalten. Sie erteilte Obersthofmeisterin Gräfin Esterházy exakte Anweisungen für ihre Erziehung und verlangte von ihr auch genaue Berichte über die Ereignisse in der Lagunenstadt. Dagegen allerdings verwehrte sich Sisi entschieden. Sie setzte durch, dass Gräfin Esterházy als Obersthofmeisterin abberufen und durch ihre Vertraute Paula Bellegarde ersetzt wurde.

Die Kaiserin blieb mit den Kindern bis zum Mai 1862 in Venedig. Dann reiste sie über Reichenau zur Kur nach Bad Kissingen und anschließend nach Possenhofen. Die Kinder kamen wieder in die Obhut der Großmutter. Und diese unterzog sie einem strengen Lernprogramm. Gisela musste Rechnen, Schreiben, Lesen und Französisch lernen. Rudolf bekam schon als Vierjähriger neben dem Elementarunterricht Lektionen in Religion, Tschechisch und Ungarisch und hatte auf Wunsch des Kaisers an militärischen Übungen und Paraden teilzunehmen. Bald verblasste die Erinnerung an die unbeschwerten Tage, die Gisela und er in Venedig bei Gondelfahrten und beim Muschelsammeln am Lido verbracht hatten.

Gisela und Rudolf verband eine ganz besondere Zuneigung. Dieses Bild aus 1865 zeigt die Kinder spielend vereint, erst zum sechsten Geburtstag Rudolfs wurden die Geschwister aus Gründen der Erziehung voneinander getrennt.

Die Kinder halten zusammen

In den folgenden Jahren, in denen Sisi den Zwängen des Hofes, den lästigen Repräsentationsaufgaben und möglicherweise auch der Nähe ihres kaiserlichen Gemahls durch zahlreiche Reisen zu entkommen suchte, mussten sich Gisela und Rudolf mit Briefen von ihrer Mutter begnügen. Oft hatten sie aber wochenlang zu warten, bis sie aus den entferntesten Winkeln der Monarchie bei ihnen eintrafen. Dann aber sprach aus ihnen Liebe und Zärtlichkeit. Es scheint fast, als hätte auch für die Kinder gegolten, was für Franz Joseph galt: je größer die Entfernung, desto inniger die Liebe.

Gisela und Rudolf wuchsen gemeinsam auf. Sie liebten einander innig und teilten Freud und Leid miteinander. Gut möglich, dass die oftmalige Abwesenheit der Mutter das emotionale Band zwischen ihnen noch verstärkte, sie noch fester miteinander verband. Bis zu Rudolfs sechstem Geburtstag hatten sie dieselbe Aja und dieselben Kinderfrauen. Ihre größte Freude war es, gemeinsam mit ihrem kleinen, von Ponys oder Eseln gezogenen Kinderkutschierwagen umherzufahren oder gemeinsam zu spielen. Die Spielsachen allerdings suchte Großmutter Sophie aus, und diese orientierte sich an den späteren Lebensaufgaben der Kinder: Gisela, die einmal eine perfekte Hausfrau und Mutter werden sollte, erhielt Puppen und Haushaltsgegenstände, und der für den Soldatenberuf bestimmte Rudolf bekam Kriegsspielzeug, Waffen und Uniformen.

Gisela und Rudolf werden getrennt

Rudolfs sechster Geburtstag bedeutete das Ende der herzlichen geschwisterlichen Zweisamkeit. Nach Brauch des Hauses Habsburg bekam Rudolf einen eigenen, männlichen Haushalt mit einem Erzieher. Für die Kinder brachte das einen ausgesprochen schmerzlichen Einschnitt in ihr Leben. Von nun an konnten sie nicht mehr so oft zusammen sein wie bisher. Sie nahmen die Mahlzeiten zwar noch gemeinsam ein und verbrachten auch Wochen in Ischl, Reichenau oder Gödöllő miteinander, im Prinzip aber hatten sie nun getrennter Wege zu gehen. Gisela litt darunter, dass sie den kleinen Kronprinzen nicht mehr so oft sehen konnte. Sie fühlte sich einsam und

Giselas Erziehung war auf ihre zukünftige Rolle als Hausfrau und Mutter ausgelegt. Das praktisch veranlagte Mädchen meisterte alle von ihr geforderten Pflichtübungen und war darüber hinaus äußerst fromm und genügsam.

vermisste ihn. Noch als 14-Jährige schrieb sie ihm, sie denke oft an ihn, die Zeit vergehe so langsam ohne ihn …

Gisela und Rudolf durften ihre Mutter gelegentlich auch auf ihren Reisen begleiten, wie im Schicksalsjahr 1866, in dem Österreich bei Königgrätz durch die preußische Armee vernichtend geschlagen wurde. Zuvor verbrachten sie längere Zeit bei Sisi in Ofen. Gisela erteilte ihrem Bruder, den sie liebevoll ihr »Kirchenlicht« nannte, sogar Französisch-Unterricht, als sein eigentlicher Lehrer verhindert war. Dafür, eine innige Mutter-Kind-Beziehung aufzubauen, reichten aber auch gemeinsam verbrachte Wochen wie diese nicht aus. Die »Bezugsperson« der Kinder war und blieb Großmutter Sophie. Und diese liebte die Kinder über alles. In Briefen an ihre Schwester klagte sie darüber, dass die »lieben großen Kinder« eine Lücke hinterließen, wenn sie zu ihrer Mutter nach Ungarn fuhren. Dort aber waren ihnen immer wieder glückliche Wochen vergönnt, wie 1868, als die kaiserliche Familie, die am 22. April um das Töchterchen Marie Valerie gewachsen war, für längere Zeit auf Schloss Gödöllő vereint war. Dieses Schloss hatte Ungarn dem Kaiserpaar anlässlich der Königskrönung 1867 zum Geschenk gemacht, es wurde bald zu Sisi's Lieblingsaufenthaltsort.

Vor der prunkvollen Königskrönung war Gisela übrigens eine wichtige Aufgabe zugefallen. Der Tradition zufolge hatte die zukünftige ungarische Königin selbst dafür zu sorgen, dass die Krönungsgewänder in tadellosem Zustand waren. Gerade in diesem Fall war das keine leichte Aufgabe, schließlich hatte Kossuth die Krönungsinsignien samt den Gewändern nach der Revolution vergraben lassen. Die vier Jahre, die sie in der ungarischen Erde gelegen waren, hatten ihnen erheblich zugesetzt. Die geschickte und praktisch veranlagte Gisela, die schon in frühester Jugend hausfrauliche Tugenden erkennen ließ, half ihrer Mutter beim Flicken der Prunkgewänder und auch beim Stopfen der löchrig gewordenen Krönungsstrümpfe.

So sehr sich Sisi später auch um ihre bayrische Verwandtschaft und insbesondere ihre Schwestern kümmerte, so wenig durften sich ihre beiden Kinder Gisela und Rudolf ihrer Zuwendung erfreuen. Um Mathilde bei ihrer Niederkunft in Zürich beizustehen, reiste Elisabeth 1867 liebend gerne nach Zürich, und auch als Marie 1869 in Rom der Geburt ihres Kindes entgegensah, war sie zur Stelle. Bei Giselas erstem Theaterbesuch fehlte die schöne Mutter aber ebenso wie bei ihrer Erstkommunion.

Der Kaiser als liebevoller Vater

Im Gegensatz zu Sisi schenkte der väterliche Kaiser seinen beiden Kindern, die übrigens als besonders liebenswert und wohlerzogen galten, mehr Aufmerksamkeit. Soweit es seine Zeit erlaubte, unternahm er mit ihnen Spaziergänge oder führte sie in den Zirkus. Rudolf nahm er auch mit auf die Jagd oder begleitete ihn in die Schwimmschule. Die tatsächliche Bezugsperson der Kinder aber war und blieb ihre Großmutter Sophie.

Den Winter 1870/71 verbrachte Gisela mit ihrer Mutter in Meran. Sisi hatte sich zu dem Aufenthalt in Südtirol entschlossen, weil Valerie kränkelte und sie hoffte, das milde Klima würde ihr guttun. Rudolf musste ebenso wie der Kaiser in Wien zurückbleiben. Der Zwölfjährige betrachtete dies als wichtige Aufgabe. In der schweren Zeit, in der der arme Papa von der lieben Mama getrennt sei, schrieb er an Großmutter Sophie, übernehme er mit Freuden das schöne Amt, die einzige Stütze des lieben Papa zu sein. Für Gisela aber brach eine Welt zusammen, als Franz Joseph insgesamt viermal nach Meran reiste, ohne Rudolf mitzubringen. Sie sei untröstlich, schrieb sie ihrem Bruder, jetzt, wo der Papa hier sei, denke sie mehr denn je an ihn. Es sei ihr schrecklich gewesen, ihn ohne ihren geliebten Bruder kommen zu sehen. Der Kummer ihrer Tochter berührte Sisi auch in diesem Fall kaum. Sie interessierte sich einzig und allein für das Wohlergehen der kleinen Valerie.

Weihnachten 1871 war Gisela zwar mit ihrem innig geliebten Bruder zusammen, das Fest fiel aber trotzdem traurig aus. Die Kinder hatten den Sommer in Possenhofen bei den bayrischen Großeltern verlebt. Als sie nach Wien zurückkehrten, grassierte dort Scharlach, und bald danach kamen auch noch die Blattern dazu. Um sie vor Ansteckung zu schützen, wurden Gisela und Rudolf nach Salzburg gebracht. Großmutter Sophie schickte ihnen aus Wien einen großen, reich geschmückten Baum und mehr Geschenke als eigentlich üblich, und auch Sisi überhäufte sie mit Geschenken, um ihnen das Weihnachtsfest halbwegs erträglich zu machen. Persönlich erschienen Kaiser und Kaiserin aber erst am 7. Januar, und als sie dann bald wieder abreisten, flossen die Tränen in Bächen. Die Kinder aber fügten sich in ihr Schicksal.

Gisela, die robuste Frohnatur

In der Öffentlichkeit war Gisela von frühester Jugend an präsent. Schon mit 13 Jahren wurde sie 1869 durch kaiserliche Genehmigung Protektorin des nach ihr benannten Gisela-Vereins. Er bestand in Deutschland bis 1981 unter dem Namen »Gisela Allgemeine Lebens- und Aussteuer-Versicherungs-AG« und heißt heute »ARAG Versicherung«. Der Raddampfer, der 1871 auf ihren Namen getauft wurde, überquert auch heute noch den Traunsee, und die Giselabahn in Salzburg-Tirol zählt heute zum Kernnetz der Österreichischen Bundesbahnen.

Dass Sisi zu ihrer Tochter nie ein wirklich enges Verhältnis entwickelte, lag nur zum Teil an ihrer häufigen Abwesenheit. Eine zumindest ebenso große Rolle spielte, dass Gisela im Wesen stark nach ihrem Vater geriet. Sie war eine robuste Frohnatur, schlicht, geradlinig und ziemlich unkompliziert. Sie absolvierte den von der Großmutter angeordneten Unterricht in häuslichen Tugenden ernsthaft, gewissenhaft und ohne Widerspruch. Sie bemühte sich folgsam darum, eine gute Reiterin und Jägerin zu werden, entwickelte nicht einmal in ihrer Jungmädchenzeit schwärmerische Phantasien und war alles andere als eine grazile Schönheit. Alles Gründe für Sisi, zu ihrer Tochter keine tiefe innere Verbundenheit zu empfinden. Und nicht nur das: Mit den Jahren wurde es der egozentrischen Kaiserin auch peinlich, dass sie, die für immer jung und schön sein wollte, schon so eine große Tochter hatte.

Leopold, der Heiratskandidat

Sisi fand einen Ausweg. Friedrich Weissensteiner: »Die Kaiserin sah sich für Gisela um einen Ehemann in Bayern um. Ihre Wahl fiel auf den Prinzen Leopold, einen Sohn des späteren Prinzregenten Luitpold und Vetter des ›Märchenkönigs‹ Ludwig II. Sie knüpfte ihre Fäden hinter dem Rücken der Tochter, ohne deren Wissen und Zustimmung. Lediglich der Kaiser und der Vater Leopolds waren in ihren Plan eingeweiht, dem auserkorenen Bräutigam machte man Andeutungen. Er war für die ›erfreuliche Familienverbindung‹ durchaus zu haben. ... Gisela, die der Prinz kaum kannte – er war ihr nur ein paarmal flüchtig begegnet – war zweifellos eine gute Partie.«[15]

Gisela war erst 16 Jahre alt, als sich ihr Schicksal im Jahr 1872 in Gödöllő entschied. Sisi, die selbst zeit ihres Lebens darunter gelitten hatte, dass sie viel zu jung verheiratet worden war, hatte als zukünftigen Ehemann für ihre Tochter Prinz Leopold ins Visier genommen, den 1846 geborenen Sohn des Prinzen Luitpold und der Erzherzogin Auguste Ferdinande, einer Tochter des Großherzogs Leopold II. von Österreich-Toskana. Der »halbe Habsburger«, der in der Münchner Residenz mit seinem um ein Jahr älteren Bruder Ludwig aufgewachsen war, dem späteren Ludwig III. und letzten König von Bayern, war vor allem zu Disziplin, Härte zu sich selbst, Genügsamkeit und Pflichterfüllung erzogen worden. Bereits als 16-jähriger Kadett in die Armee eingetreten, hatte er sich 1866 im Deutschen Krieg gegen Preußen als Jägerleutnant und im Deutsch-Französischen Krieg 1870/71 als Batteriechef bei Sedan so gut bewährt, dass er mit dem Eisernen Kreuz 2. Klasse ausgezeichnet worden war. Nach dem Gefecht bei Villepion hatte er sogar den Militär-Max-Joseph-Orden erhalten, die höchste bayrische Auszeichnung für Tapferkeit vor dem Feind.

In seinen Lebenserinnerungen schrieb Leopold später, er habe seine Jugend in vollen Zügen genossen, habe sich nicht viel mit ernsten Studien beschäftigt, habe stets viel Dienst gehabt und stets darauf geachtet, erstklassige Pferde zu reiten, sei in seinen freien Stunden viel auf die Jagd und in Gesellschaft gegangen, habe mancher Dame den Hof gemacht und sich besonders für die Damen des Theaters interessiert. 1872 plante er das Jahr bis zur Ernennung zum Regimentskommandeur mit Reisen zuzubringen. Er wollte den Sommer im Norden und den Winter im Süden verbringen. Und dann schien es ihm an der Zeit, sich einen Haushalt zu gründen und mit dem nach und nach recht ungebundenen Junggesellenleben abzuschließen, das ihm sowohl moralisch als auch physisch nicht zuträglich gewesen sei.

Gerade bei letzterem Entschluss kam ihm zugute, dass in Wien just zu dieser Zeit Sisi im Geheimen die Fäden zog. Die »alte Tante«, wie sie sich selbst nannte, lud ihn schriftlich nach Ofen ein – zur Schnepfenjagd, wie es sinnigerweise offiziell hieß. Der Kaiser war mit diesem Schwiegersohn in spe zufrieden. Was für ihn zählte, war, dass er ein guter Soldat und Jäger und überdies katholisch war. Gisela selbst war ahnungslos. Auf die Idee, sie in die Pläne einzubeziehen oder sie gar nach ihrem Willen zu fragen, kam niemand.

Anfang April 1872 reiste Prinz Leopold gemeinsam mit seinem Freund nach Ofen. Die Fahrt von München dauerte zu der damaligen Zeit immerhin 24 Stunden, in Wien gab es langen Aufenthalt. Am Bahnhof empfing Graf Bellegarde, der Generaladjutant des Kaisers, den Prinzen. Und an der Treppe zur Ofener Burg erwartete Franz Joseph seinen Gast sogar in bayrischer Uniform – was dieser als beschämend empfand, denn er selbst trug nur einfaches »Reisezivil«. Prinz Leopold stieg im sogenannten Stöckl ab, einem neben der Burg gelegenen kleinen Palais. Unter seinen Fenstern lag die Generalswiese, so konnte er beobachten, wie die ungarischen »Honvéds« in ihren braunen, verschnürten Uniformröcken und blauen, engen Hosen schon in aller Frühe exerzierten.

Seine erste Aufwartung machte der Prinz den Majestäten am nächsten Morgen. Er erschien in großer Uniform zum

Schon mit 16 Jahren wurde Gisela mit Prinz Leopold von Bayern vermählt. Die Fäden dabei zog Sisi selbst, die ihr jugendliches Aussehen durch den Vergleich mit Gisela geschmälert sah.

Frühstück, das Kaiserin und Kaiser gemeinsam einnahmen, und er war natürlich von der Schönheit und dem Zauber Sisi's auf Anhieb gefangen. Leopold in seinen Erinnerungen: »Bald traten auch die kaiserlichen Kinder ein, die noch nicht sechzehnjährige Erzherzogin Gisela, ein anmutendes Mädchen mit einem lieben, sympathischen Gesichtsausdruck, das eben erst die Kinderschuhe vertreten hatte und zur anmutigen Jungfrau herangewachsen war, und der noch in den Adoleszentenjahren stehende, dreizehnjährige Kronprinz Rudolf, ein in jeder Beziehung vielversprechender junger Herr …«[16]

Die folgenden Tage verbrachte der junge Prinz mit der Kaiserfamilie. Frühstück und Mittagessen wurden gemeinsam eingenommen und ein Ausflug auf die Margaretheninsel stand auf dem Programm. In seinen Erinnerungen vermerkte Leopold lapidar, die junge Erzherzogin habe ihm immer mehr gefallen. Tatsächlich kam sich das junge Paar langsam näher, Gisela zeigte dem Gast ihre übrigens große Begabung verratenden Zeichnungen und Malereien, und dieser attestierte ihr Talent.

Allzu frühe Verlobung

Am 6. April gab es ein größeres Diner, Gisela erschien erstmals in einem längeren Kleid, das ihr, wie sich Leopold Jahre später erinnerte, allerliebst stand. Nach dem Essen luden die Majestäten den Prinzen in das Appartement der Kaiserin, und dort richtete es Sisi so ein, dass das junge Paar plötzlich allein zurückblieb. Leopold: »Es war die entscheidende Stunde. Ich bat sie um die Rose, die sie in ihrer Taille trug, und da sie mir diese gab, tat ich die schicksalsschwere Frage, ob sie es mit mir für das Leben wagen wolle. In reizend kindlicher Weise gab sie ihr Jawort und küßte mich auf die Wange, und frug dann sehr schüchtern, ob ihre Mama davon wisse …«[17]

Wenig später öffneten sich die Türen, die Majestäten traten ein, Gisela flog ihrer schönen Mutter entgegen, die sie gerührt umarmte, und dann ihrem Papa. Die Freude war riesengroß, fassungslos war lediglich Rudolf, er hatte nichts geahnt, äußerte aber sofort den Wunsch, möglichst bald Onkel zu werden. Noch am selben Abend ersuchte Leopold seinen Vater telegrafisch in München, die Genehmigung des Königs zur Verlobung zu erbitten. Dann verbreitete sich die Nachricht im ganzen Reich wie ein Lauffeuer. In die Freude mischte sich allerdings auch Überraschung. Nicht zuletzt beim Bräutigam selbst. Er konnte sich nicht genug darüber wundern, dass der Kaiser von Österreich und König von Ungarn, einer der mächtigsten Herrscher der Erde, seine noch so jugendliche Tochter ausgerechnet ihm versprochen hatte, einem nachgeborenen bayrischen Prinzen, der keine Aussicht darauf hatte, jemals eine politische Rolle zu spielen, der nicht einmal besonders wohlhabend war und lediglich darauf hoffen konnte, mit der Zeit einen hohen militärischen Rang zu erreichen.

Kaiser Franz Joseph begründete seinen und Sisi's Entschluss, Gisela schon so früh zu verheiraten, auf seine geradlinige Art. An seine Mutter schrieb er, es gebe jetzt so wenige katholische Prinzen, dass sie danach hätten trachten müssen, sich des einzigen unter ihnen zu versichern. Für Großmutter Sophie war das jedoch kein schlagkräftiges Argument. Das häusliche Glück der Kleinen und des braven Leopold schienen ihr sicher, schrieb sie in diversen Briefen, und Gisela selbst sei entzückt, so früh unter die Haube zu kommen, als Partie aber zähle diese »bescheidene« Heirat nicht.

Einen kleinen Schritt Richtung Karriere durfte Leopold noch am Tag nach der Verlobung gehen. Der Kaiser ernannte ihn zum Inhaber des neu errichteten 13. Artillerieregiments, und dort sollte er für die folgenden 50 Jahre auch verbleiben. In den nächsten Tagen nahm Prinz Leopold an zahlreichen Diners, Soiréen und Gesellschaften teil, begleitete die kaiserliche Familie ins Theater und in die neue, prachtvolle Pester Oper. Dort steckte er seiner Braut auch den Verlobungsring an und erhielt von ihr ein hübsches Medaillon, das er bis an sein Lebensende aufbewahrte. Wegen Giselas noch sehr jugendlichen Alters wurde der Termin für die Hochzeit allerdings erst für den kommenden April festgelegt.

Mitte April begleitete Leopold die kaiserliche Familie nach Wien, logierte in den Prachtappartements von Schönbrunn, machte seine Aufwartung bei Erzherzogin Sophie, von der niemand ahnen konnte, dass sie bereits wenige Wochen später, am 28. Mai, völlig unerwartet und zum größten Leidwesen ihrer Enkelin, die zu ihr eine enge Beziehung hatte, sterben sollte, und Erzherzog Franz Karl. Diese Großeltern der Braut erwiesen sich als sehr großzügig. Sie legten für das junge Paar gleich nach der Verlobung eine halbe Million Gulden an.

Nachmittags durfte der Bräutigam mit Gisela, selbstverständlich immer in Begleitung ihrer »Suiten«, ihres Gefolges, lange Spaziergänge im Schönbrunner Park oder im Tiergarten unternehmen oder an Ausfahrten wie in den Prater teilnehmen.

Der Kaiser nahm seinen zukünftigen Schwiegersohn freudig mit auf seine Jagdausflüge, zur Auerhahnbalz in die Steiermark oder nach Niederösterreich. Leopold erinnerte sich später an die ausgeprägte Jagd-Leidenschaft des Kaisers. Es sei vorgekommen, dass Franz Joseph abends gegen zehn Uhr von Hetzendorf nach Reichenau abgefahren sei, notierte er. Dort habe der Kaiser wenige Stunden im Lehnstuhl sitzend geschlafen, sei in aller Frühe zur Jagd gefahren, und dann mit dem Zug um sieben Uhr früh wieder nach Wien zurückgekehrt. Zwischen neun und zehn Uhr morgens sei er bereits wieder an seinem Schreibtisch gesessen und habe Staatsgeschäfte erledigt.

Ein Reigen an Festen und Zeremonien

Als sich Mitte April 1873 der Termin der Hochzeit näherte, reiste Leopold, der die Zeit wie geplant mit Reisen nach England und in den Orient verbracht hatte, mit seinem Vater, seinen Geschwistern und der Baronin Limpöck, der zukünftigen Hofdame Giselas, nach Wien und wurde in allen Ehren empfangen. Der bayrische Bräutigam wurde in der Hofburg untergebracht und es begann ein regelrechter Reigen an Festen

Erzherzogin Sophie hat die kaiserlichen Kinder lange Zeit herrschsüchtig an sich gerissen, ihnen aber auch die »mütterliche« Wärme gegeben, die Sisi nicht aufbringen konnte. Gisela und Sophie verband bis zu Sophies Tod im Jahr 1872 eine innige Beziehung.

und Zeremonien, Besuchen und Empfängen. Alles, was alten Traditionen zufolge seit Jahrhunderten im Hause Habsburg bei der Hochzeit einer Kaisertochter üblich war. Die Bevölkerung von Wien durfte den Trousseau der Braut bestaunen, den überaus reich mit Familien-Erbstücken ausgestatteten Brautschatz, ebenso die Geschenke der kaiserlichen Familie, der Verwandten, der Länder und Städte der Monarchie. Eines der Glanzstücke kam von Kronprinz Rudolf. Er schenkte seiner Schwester ein schweres, silbernes Teeservice, das diese später oft und gerne bei glanzvollen Anlässen verwendete.

Am Tag vor der Trauung musste Gisela per Eid für sich und ihre Nachkommen den Verzicht auf die Thronfolge und eventuelle »Intestat-Erbrechte« leisten. Die bevorstehende

Hochzeit nahm in der »Wiener Zeitung« die Titelseite ein: »Ein schönes und in seiner Bedeutung tiefempfundenes Fest bewegt heute die Völker Österreichs. Der Lebensbund zweier junger Seelen erhält seine Weihe durch das Sacrament der Kirche ... Das Höchste, was das menschliche Dasein zu bieten vermag, das stille Glück liebeerfüllten Familienlebens begründet sich für die Tochter unseres Kaisers, für das liebliche Ebenbild der hohen Frau, die das gütige Walten der Vorsehung in unsere Mitte geführet, zur Herrin über diese Lande erhoben hat ...«[18]

Das Jawort des jungen Paares

Die Trauung selbst fand am 20. April 1873, dem Weißen Sonntag, statt. Von den Großen Appartements der Hofburg bewegte sich der Hochzeitszug, die Damen in großer Toilette und prächtigem Schmuck, die Herren in Galauniform, um zwölf Uhr mittags langsam und feierlich in die festlich geschmückte Augustinerkirche. Ihren unzähligen Lesern, die nicht das Glück gehabt hatten, eine der wenigen Zutrittskarten zu der Zeremonie zu ergattern, berichtete die »Neue Freie Presse« am nächsten Tag: »Die mächtigen Pfeiler waren bis zu einem Drittel ihrer Höhe mit Damast verkleidet, um jeden Pfeiler lief ein Kranz von Kerzen, die Luster waren mit Efeu geschmückt, die Wände mit Gobelins bekleidet, die Bänke vor den Tribünen mit Teppichen belegt. Auf dem Altar, dessen Seitentheile und Hintergrund mit einem Wald von Blumen geschmückt waren, strahlten tausende von Lichtern, wie denn die Kirche überhaupt verschwenderisch beleuchtet war; und doch schufen die tausend und abertausend zitternden kleinen Flammen keine Tageshelle; je länger sie brannten, um desto dichter wurde der wogende, leicht schimmernde Nebel ...«[19]

Beim Eintritt der Majestäten in die Kirche erschollen Pauken und Trompeten. Die größte Aufmerksamkeit erregte aber nicht Gisela, sondern Sisi, die mit ihren 34 Jahren, in einem violetten, mit Diamanten bestickten Kleid und mit ihrem dichten, schimmernd herabwallenden, von einem glitzernden Diadem geschmückten Haar an der Seite des in Marschall-Uniform erschienenen Kaisers jugendlicher und schöner wirkte denn je. Gisela schilderte die »Neue Freie Presse« folgendermaßen: »Das mit Silberstickereien bedeckte Kleid und der silberdurchwirkte Schleier schimmerten weithin und umflossen die Erzherzogin wie ein Gewebe aus Mondstrahlen und Blumenfäden. Eine Lilie, durchzittert von dem Silberlichte der keuschen Göttin – also schritt die junge Braut zum Altar.«[20]

Wie sich der Bräutigam später erinnerte, bewahrte Gisela während der Trauung »prachtvolle Kontenance« und drückte ihm heimlich liebevoll die Hand. Beim Ringwechsel trat die österreichische Suite der Kaisertochter zurück und machte jener, der nunmehrigen bayrischen Prinzessin, Platz.

Das Brautpaar, über das Hofdame Gräfin Festetics viel später aussprach, was sich viele gedacht hatten, nämlich dass Gisela glücklich wie eben ein Kind gewesen sei und dass die beiden alles andere als ein schönes Paar abgegeben hätten, sollte die Hochzeitsnacht eigentlich in der Hofburg verbringen und am nächsten Morgen noch die sogenannte Einsegnungsmesse hören. Um der noch sehr jungen Braut den »genierlichen« Morgen nach der Hochzeitsnacht in großer Öffentlichkeit zu ersparen, hatte die Kaiserin jedoch vorgesehen, dass das junge Paar am Nachmittag nach Salzburg fahren und dort eine Woche in der Residenz verbringen sollte. Die kaiserliche Familie begleitete das junge Paar zum Westbahnhof, und dort gestaltete sich der Abschied überaus herzergreifend. Schluchzend umarmte die junge Braut ihre Eltern und vor allem Rudolf ein letztes Mal.

Salzburg begrüßte das junge Paar seinem Rang entsprechend. Die Stadt war beflaggt, an den Fronten der Häuser hingen Girlanden, die Frühlingsblumen blühten und in den Springbrunnen rauschte das Wasser. Gisela und Leopold hatten Gelegenheit, sich in der Frühlingsluft zu erholen und einander näherzukommen – bis plötzlich das Wetter umschlug und eines Morgens dicke Eiszapfen an den Girlanden hingen.

In München wurde Gisela und Leopold ein feierlicher Empfang bereitet. Schon am Bahnhof erwartete sie neben dem Vater des Bräutigams und zahlreichen Würdenträgern eine riesige Menschenmenge und Militärmusik. Der bayrische König selbst hatte dafür gesorgt, dass der Tochter der von ihm so verehrten Kaiserin Sisi ein besonders feierlicher Einzug in seine Haupt- und Residenzstadt bereitet wurde. In dem von sechs prachtvoll »geschirrten« Pferden gezogenen, mit vergoldetem Schnitzwerk und Bildern geschmückten Prachtgalawagen, den der König nach Versailler Art für sich selbst hatte bauen lassen, fuhr das junge Paar durch die mit Girlanden geschmückte Stadt zur Residenz. Dort wurde Gisela, die zu diesem Anlass eine weiß-blaue Toilette trug, von der königlichen Familie feierlich begrüßt. Danach ging der Zug bei Schneegestöber weiter die Ludwigstraße entlang durch das Siegestor in die Schwabinger Straße Nr. 6, zu dem damals noch außerhalb der Stadt gelegenen Palais des Prinzen Leopold. Da das Palais zu diesem Zeitpunkt aber noch umgebaut wurde und noch nicht beziehbar war, musste das Paar für die ersten zwei Monate ihrer Ehe die Gastfreundschaft von Leopolds Vater in Anspruch nehmen.

Der pompöse Empfang durch König Ludwig II. führte sogar zu diplomatischen Verwicklungen. Der preußische Gesandte ortete darin eine »auffallende Demonstration« von Sympathien für das österreichische Kaiserhaus. Bald flogen diplomatische Noten zwischen Berlin und München hin und her. König Ludwig II. betonte, es habe sich keinesfalls um Be-

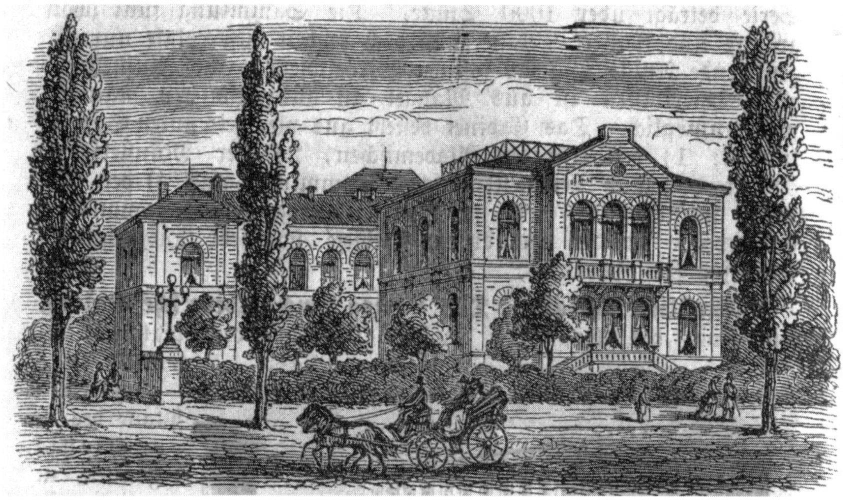

Das Leopold-Palais 1876. Auffällig schnell lebte sich Gisela in ihre neue Umgebung ein und schaffte es, ihr »bescheidenes« Heim zum gesellschaftlichen Mittelpunkt Münchens zu machen.

vorzugung gehandelt, er wollte nur seine besondere Verehrung für die Prinzessin aus dem Hause Habsburg zum Ausdruck bringen. Und diese zeigte er wenig später auch noch, indem er für das junge Paare zuerst ein glanzvolles Bankett im neuen Festsaal seiner Residenz gab und es später zu einem Fest in intimerem Rahmen in seinen Wintergarten lud – inklusive Kahnfahrt auf dem kleinen See, dessen Oberfläche künstlich erzeugte Wellen kräuselten.

Eine neue Heimat

Gisela, die praktische, unkomplizierte Kaisertochter, hatte keine Schwierigkeiten, sich an die neue Umgebung zu gewöhnen. Sie litt weder an Heimweh, noch fühlte sie sich einsam. Dazu, dass sie sich bald wohl und heimisch fühlte, trug Prinz

Leopold bei. Er umsorgte seine junge Gattin liebevoll, machte mit ihr Ausflüge in die Umgebung, zu den Schlössern Nymphenburg und Schleißheim oder nach Dachau, in das Isartal oder den Englischen Garten, besuchte mit ihr die zahlreiche Verwandtschaft, wie die Königin-Mutter Marie oder Ludovika in Possenhofen, und führte sie ins Theater aus. Und er beschäftigte sich mit dem Umbau seines Palais.

Das Palais in der damaligen Schwabinger Straße, der heutigen Leopoldstraße, hatte Leopold kurz nach seiner Verlobung erworben. Es war eine Villa mit riesigem Garten, die sein Großvater in italienischem Stil erbauen hatte lassen und die er Leopolds Großmutter, Königin Therese, geschenkt hatte. Nach ihrem Ableben war die Villa in verschiedene Hände gekommen. Für die damalige Zeit war dieser Besitz nämlich nur wenig attraktiv. Er lag weit außerhalb der Stadt, die zu jenem Zeitpunkt beim Siegestor endete. Eine geschotterte, von Pappelalleen gesäumte Straße mit Straßengräben führte zu dem Palais hinaus, die Straßenbeleuchtung bestand in wenigen, mehrere hundert Meter entfernten Gaslaternen und die Trottoirs waren noch nicht gepflastert, sodass man bei Regenwetter durch Morast waten musste. Umso größer war das Unverständnis über Leopolds Entscheidung. Dieser aber war sich seiner Sache ganz sicher. Für ihn zählte, dass das Haus zwar relativ klein, aber hübsch und bald beziehbar und vor allem von Licht und Luft umgeben war, und dass die Möglichkeit bestand, im Laufe der Zeit noch mehr Grund dazu zu erwerben, was ihm später auch gelang.

In der zweiten Junihälfte 1873 waren die Arbeiten an dem Palais so weit gediehen, dass das junge Paar einziehen konnte. Für Gisela waren die Räume im ersten Stock bestimmt, Leopold bezog das Parterre. Bei den Renovierungsarbeiten war gespart worden, das Budget war nicht allzu groß. So gab es Parkettboden nur im ersten Stock, sonst nur Bretterböden. Auch tapeziert war noch nicht worden, da die Wände noch feucht waren. So waren die Wände einfarbig ausgemalt, die Decken weiß verputzt und die Türen und Fenster weiß lackiert. Und auch Kunstgegenstände und Zierrat fehlten noch gänzlich. Später wurde Jahr für Jahr ein Repräsentationsraum nach dem anderen fertiggestellt, und im Laufe der Zeit wurde das Palais auch mit kostbarem Interieur verschönert.

Besonderen Wert legte Prinz Leopold auf den Garten. Er ließ ein Schwimmbad ausheben, eine Kegelbahn errichten und Tausende kleine Fichten setzen, die den Anblick der Planken verdecken sollten, die den Garten begrenzten. Einen großen Teil des Gartens bildeten Wiesen, das Revier von Rebhühnern, Hasen, Schnepfen, Füchsen und sogar Rehen, nur um das Haus herum lagen gestaltete Gartenflächen. Dort blühten in den folgenden Jahren üppige Fliederbüsche und Rosen, und zahlreiche in Kübeln aufgereihte Feigen trugen süße Früchte.

Auch der Hofstaat des Paares war relativ bescheiden. Er bestand aus einem Hofmarschall, einer Hofdame, einem Sekretär, einem Offizianten, der Haushofmeister und Kellermeister in einem war und der auch bei Tisch servierte, einem Diener, etlichen Lakaien, Kutschern, Reitknechten, einem Portier, Gärtnern, Hausknechten und zahlreichem weiblichen Personal. So stellte das Palais alles in allem zwar keine fürstliche Residenz dar, aber einen ansehnlichen Adelssitz, in dem sich Gisela wohl fühlte.

Beschauliches Familienglück

Schon wenige Wochen nach der Hochzeit kündigte sich bei dem jungen Paar Nachwuchs an. Gisela war selig. Aus Ischl schrieb sie ihrem Mann, sie habe in der Kirche andächtig für ihn und ihr Kindlein gebetet und wünsche nichts mehr, als ihn glücklich machen zu können. Ihr Bäuchlein nannte sie fröhlich »Familienbuckel«. Die Entbindung wurde für den 20. Januar erwartet, für diese Zeit hatte auch Sisi zugesagt, nach München zu kommen und ihrer Tochter beizustehen. So lange aber wollte das Kind nicht warten. Schon am 7. Januar setzten heftige Wehen ein. Gisela erlebte zwölf überaus qualvolle Stunden, zeitweise schwebten Mutter und Kind in akuter Gefahr, dann aber, am 8. Januar 1874, nachdem der Leibarzt künstlich eingegriffen hatte, erblickte eine kleine Tochter das Licht der Welt.

Sisi, trotz ihrer nunmehr 36 Jahre jugendlich und schön, reiste sofort an. Sie kam jedoch nur noch zu der Taufe zurecht, die in dem zu einer improvisierten Kapelle umfunktionierten Tanzsaal des Palais stattfand. Ihr zu Ehren erhielt das Neugeborene die Namen Elisabeth Marie Auguste von Bayern. Unter einem Dach mit ihrer Tochter und dem Kind zu wohnen, lehnte die frisch gebackene Großmutter, die für Säuglinge nie viel und für ihren neuen Status noch viel weniger übrig hatte, entschieden ab. Sie quartierte sich in einem nahen Gasthof ein. Leopold hatte dafür gleich eine beschönigende Erklärung parat. Der lieben, schönen Kaiserin sei der Gedanke, sie könne irgendjemandem zur Last fallen oder jemanden genieren, unerträglich gewesen. Sisi fand für ihre Tochter weit weniger warme Worte. An Marie Festetics schrieb sie nach der Taufe nahezu zynisch, Mutter und Kind seien so gesund, dass sie 100 Jahre leben werden. Sie solle beruhigt sein, ihr Gesundheitszustand werde sie nicht länger dort aufhalten. Tatsächlich hielt sie den Besuch in München knapp. Die junge Familie langweilte sie, sie fühlte sich angeblich einsam. Also absolvierte sie Besuche in Lazaretten, denn zu jener Zeit grassierte die Cholera, und dann reiste sie bald wieder ab.

Bereits im folgenden Jahr, am 28. April 1875, kam das zweite Kind des Paares zur Welt. Diesmal übernahm die Königin-Mutter die Patenschaft, ihr zu Ehren wurde die neu geborene Tochter auf die Namen Auguste Maria Luise von Bayern getauft. Sisi zeigte abermals wenig großmütterliche Begeisterung. In herzerfrischender Offenheit bezeichnete sie das Kind als sehr hässlich, es sei sehr lebhaft und schaue Gisela ganz

Gisela mit ihren beiden Kindern Elisabeth und Auguste, 1876. Die Rolle als Großmutter, die Sisi mit 36 Jahren erstmals innehatte, stand der schönen Kaiserin allerdings nicht besonders gut. Sie vermied den Kontakt so gut wie möglich und hielt sich auch mit zynischen Bemerkungen nicht zurück.

gleich. Auch später hielt sie sich in Bezug auf Gisela und ihre Kinder mit Geschmacklosigkeiten kaum zurück. Einmal bezeichnete sie Mutter und Kinder sogar als die »rackerdürre Sau und ihre Ferkel«.

Gisela als Fixpunkt des gesellschaftlichen Lebens

Gisela führte mit ihrer kleinen Familie ein angenehmes, vorerst durch keinerlei dramatische Ereignisse gestörtes Leben. Der Kaiser kam jedes Jahr zu Besuch, wohnte, unkompliziert und bescheiden, wie er war, nur in Begleitung eines Adjutanten im Palais seiner Tochter, spielte liebevoll mit den Enkelkindern, machte Ausflüge und Besuche und ging mit seinem Schwiegersohn zur Jagd. Auch Kronprinz Rudolf besuchte seine innig geliebte Schwester sooft er konnte. Er kam nie mit leeren Händen, brachte den Kindern Spielsachen mit und hatte Gewissheit, dass er immer willkommen war.

Das Leopold-Palais entwickelte sich mit der Zeit zu einem gesellschaftlichen Mittelpunkt Münchens. Es waren aber nicht die großen, opulenten und glanzvollen Feste, die es auszeichneten, sondern die eher bescheidenen, geradezu harmlosen Vergnügungen. Die Damen und Herren der Münchner Gesellschaft, Offiziere, Künstler und Familienmitglieder trafen sich zu Kegelpartien in dem abends stimmungsvoll erleuchteten Garten, erfreuten sich an Tee, Zigarren und einem Fässchen Hofbräu, oder trafen sich zu Soupées auf der großen Terrasse. Im Winter standen Tanzveranstaltungen und »Routs«, Bälle, auf dem Programm, zu denen die Hofgesellschaft erschien. Sie erfreuten sich in den 1880er-Jahren in dem Maß steigender Beliebtheit, in dem sich König Ludwig II. immer mehr zurückzog.

Anfang der 1880er-Jahre wuchs die kleine Familie um zwei Stammhalter. Am 2. April 1880 wurde der erste Sohn geboren. Kaiser Franz Joseph hatte zugesagt, seinen Enkel persönlich aus der Taufe zu heben. Als zu diesem Zeitpunkt die beiden Töchter Giselas an Scharlach erkrankten, musste er jedoch absagen. Leopolds Vater übernahm an seiner Stelle die Patenschaft über Georg Franz Josef Luitpold Maria von Bayern. Als zweiter Sohn und zugleich letztes Kind kam am 22. November 1883 Konrad Luitpold Franz Joseph Maria von Bayern zur Welt.

Erzherzogin Gisela mit ihrem Sohn Konrad radfahrend in Ischl, 1898. Die Zeichnung stammt von Artur Lajos Halmi und zeigt die »Münchnerin« bei einer ihrer großen Leidenschaften.

Mit ihrem heiß geliebten Bruder Rudolf blieb Gisela stets in Kontakt. Der Kronprinz besuchte seine Schwester immer wieder in München, und diese gab ihm zu verstehen, dass er immer höchst willkommen war. Aus Briefen Giselas geht hervor, dass sie ihren Bruder wegen seines schriftstellerischen Talents bewunderte, er schreibe so unterhaltend und hübsch, sie beneide ihn um dieses Talent, ließ sie ihn wissen. Auch Rudolf blieb seiner Schwester Gisela stets innig verbunden. Er machte ihr und ihren Kindern Geschenke und nahm ihren Mann, seinen Schwager Leopold, auf einige seiner Forschungsfahrten mit.

Gisela und ihr Gemahl nahmen an so gut wie allen festlichen und tragischen Anlässen des Hauses Habsburg teil. Sie reisten zur Hochzeit Kronprinz Rudolfs mit Stephanie ebenso nach Wien wie zu zahlreichen Begräbnissen. Im Sommer verbrachte Gisela mit ihren Kindern meist mehrere Wochen in Ischl, oft verlebte sie auch angenehme Tage in Gödöllő. Leopold begleitete den Kaiser oft zur Jagd, im Salzkammergut waren es Gämsen, in Gödöllő Füchse, die von den beiden hohen Herren ins Visier genommen wurden. In Bayern pflegte Gisela lange liebevoll Ludovika, als sich deren Gesundheitszustand verschlechterte. Wo immer Gisela und ihre Familie auftauchten, hinterließen sie einen angenehmen Eindruck. Sie gaben weder Anlass für Klatsch und Tratsch noch beeindruckten sie durch besonderen Charme und Brillanz. Marie Valerie bewunderte ihre ältere Schwester als perfekte Hausfrau und Mutter. Zu erwähnen allerdings gab es über sie nicht allzu viel. Mehr als die sachliche Feststellung, dass auch sie da war, kommt in ihren Erinnerungen selten vor.

Leopold schildert das Leben der Familie in seinen Erinnerungen als besonders harmonisch und idyllisch. Er beschreibt, dass er mit seiner Frau oft und gerne ausritt, mit Vorliebe in den Englischen Garten, dass sie gemeinsam Reisen unternahmen, einmal auch nach Korfu, zu Sisi's Achilleion. Im Winter ließ Gisela eine alte, noch aus Schönbrunn mitgebrachte Passion wieder aufleben, das »Rutschbergfahren« auf kleinen Schlitten, das sich bald zu einem Vergnügen für ganz München entwickelte, und im Sommer radelte sie mit Leidenschaft auf einem Drahtesel durch die Gegend – ein für die damalige Zeit höchst freizügiges Vergnügen.

Ob Gisela tatsächlich so glücklich war, wie ihr Mann es darstellte? Sicher ist, dass ihr der Freitod von Kronprinz Rudolf, ihres geliebten Bruders, im Januar 1889 eine tiefe, nie mehr verheilende Wunde zufügte. Sie hatte natürlich gewusst, dass Rudolfs Ehe mit Stephanie immer mehr zum Desaster geraten war, eine Katastrophe dieses Ausmaßes hatte sie aber nicht erwartet. Dass ihr Rudolf keinen Abschiedsbrief hinterlassen hatte, muss sie zusätzlich tief verletzt haben.

Ein Bruch in der Ehe?

Dass sich Gisela mit Leopold zunehmend weniger gut verstand, geht aus einer Tagebuch-Eintragung Valeries hervor. Im November notierte diese, sie hätte Gisela gegenüber erwähnt, dass Mama im Umgang mit Papa mehr Bitterkeit als Trost empfinde, und Gisela habe gesagt, es gehe ihr genauso mit Leopold.

Leopold hatte nach seinen Verdiensten im Deutsch-Französischen Krieg beim Militär rasch Karriere gemacht. Er war zum General der Kavallerie aufgestiegen, nahm häufig an Truppenübungen, Inspektionen und Kaisermanövern teil und führte auch zu Hause das Kommando. Böse Zungen behaupteten sogar, er hätte sich zu einem Haustyrannen erster Klasse entwickelt.

Dafür, dass im Palais Leopold Hochspannung herrschte, sorgten auch die politischen Ereignisse. König Ludwig II. hatte sich im Laufe der Jahre den Regierungsgeschäften immer mehr entzogen, und bald herrschte Gewissheit, dass sich sein Geisteszustand dramatisch verdüsterte. Im Juni 1886 schließlich ersuchte das bayrische Staatsministerium Prinz Luitpold, den Vater Leopolds, den König in einem Manifest für entmündigt zu erklären und die Regentschaft zu übernehmen. Als dieser der Bitte nachkam und König Ludwig II. überdies wenig später auf mysteriöse Weise im Starnberger See den Tod fand, gingen in Bayern die Wogen hoch. Luitpold wurde als »Königsmörder« gebrandmarkt. In dieser Zeit waren ihm Leopold und Gisela oft eine unverzichtbare Stütze. Luitpold nahm die Königswürde nicht an, er blieb Prinzregent, sein Sohn und dessen Familie aber rückten zunehmend in den Blickpunkt der Öffentlichkeit. Sie hatten auch eine Reihe von Repräsentationsaufgaben zu erfüllen.

Gisela, die ihrem Vater auch mit zunehmendem Alter immer ähnlicher wurde, führte im Palais Leopold ein den Umständen entsprechend einfaches und bescheidenes Leben. Große

Roben, Putz und Prunk waren nicht ihre Sache. Sie kleidete sich betont einfach, hatte ein großes Herz und zeigte sich mildtätig. Es kam immer wieder vor, dass sie ohne Vorankündigung bei Not leidenden Familien auftauchte und mit Geld und Lebensmitteln aushalf. Das alles machte sie bei der Bevölkerung beliebt. Die fromme und volkstümliche Kaisertochter wurde immer wieder »der gute Engel aus Wien« genannt. Ob sich dadurch ihr Verhältnis zu Leopold festigte, ist allerdings fraglich. Als das Paar am 19. April 1898 Silberne Hochzeit feierte, notierte Marie Valerie jedenfalls: »Trockenste Feier einer silbernen Hochzeit, die nur denkbar ist …«[21]

Möglich aber, dass die Stimmung zu diesem Zeitpunkt durch den Skandal getrübt war, den Tochter Elisabeth fünf Jahre zuvor verursacht hatte und der seine Schatten immer noch auf das Palais Leopold warf.

Skandalöse Liebe

Ursprünglich war geplant gewesen, dass Elisabeth und Auguste, die Töchter Giselas und Leopolds, eine Doppelhochzeit feiern sollten. Im Dezember 1893 aber verschwand Elisabeth plötzlich völlig unerwartet und ohne zuvor irgendjemandem ein Sterbenswörtchen verraten zu haben. Sie hatte sich in Otto Baron von Seefried auf Buttenheim verliebt, einen evangelischen Freiherrn, der weit unter ihrem Stand war. Das Paar wusste genau, dass es eine Einwilligung zu dieser Ehe nicht erwarten konnte, also entschloss es sich zur Flucht und heiratete heimlich in Genua. Gisela kam ihnen auf die Spur, informierte Kaiser Franz Joseph, und dieser, sonst oft trocken und bürokratisch, reagierte in diesem Fall geradezu menschlich. Anfang Dezember 1893 schrieb er an Sisi, die Tat seiner Enkelin habe ihn niedergeschmettert, sie habe aber auch »Karakter« und Mut bewiesen und er werde alles tun, um zu helfen.

In der Presse schlug die Affäre hohe Wellen. Kaiser Franz Joseph wurde als Protektor des geflohenen Liebespaares dargestellt. Schließlich reisten Gisela und Leopold nach Wien zum Kaiser. Während die geradlinige Frohnatur Gisela die Sache von der liebevollen Seite sah, gab sich Leopold unerbittlich und brüskiert. Der Kaiser, offenbar gerührt von der innigen Liebe und dem Kampfgeist des Paares, erteilte schließlich seine Zustimmung zur Ehe. Und war erleichtert, dass die ganze Sache glimpflich ausgegangen war, schließlich hatte Seefried in einem Schreiben an ihn die Alternative angedroht – den Freitod des Liebespaares. Franz Joseph ernannte Otto von Seefried zum Leutnant beim k.u.k. 1. Infanterie-Regiment in Troppau, Mähren, und erhob ihn 1904 in den Grafenstand. Er schenkte dem Paar ein Haus in der heutigen Hietzinger Hauptstraße in Wien und besuchte es dort mehrmals mit seinen vier Kindern – die erste, im Januar 1895 in Troppau geborene Tochter war schon wenige Tage nach der Geburt verstorben. Die Kinder, die der alte Kaiser sehr gerne hatte, erhielten später gemeinsam mit den Kindern Marie Valeries Tanz- und Reitunterricht. In München allerdings fand die »nur« gräfliche Familie Seefried weniger Verständnis. Prinzregent Luitpold blieb unversöhnlich und auch bis Leopold seiner Tochter verzieh, vergingen viele Jahre.

Sisi's Tod – ein schwerer Schlag

Ein vernichtender Schlag traf Gisela, als ihre Mutter Sisi am 10. September 1898 in Genf einem Attentat zum Opfer fiel. Ihren Schmerz lässt der Brief erahnen, den sie an Joseph Latour von Thurmburg richtete, den einstigen Erzieher des Kronprinzen: »Es ist so entsetzlich, so gräßlich, wir können es noch gar nicht fassen! Und alles so in der Ferne, wie ein böser Traum, etwas, das einen furchtbar drückt und das man abschütteln möchte, um sich Luft zu machen. Der Gedanke

Mama nie wieder zu sehen, nicht einmal im Tode, das kann man sich gar nicht vorstellen! Und doch sind wir, die sie so genau kannten, überzeugt, ihr ist es ganz recht so, sie hätte es sich gar nicht anders gewünscht und ist zufrieden mit Rudolf vereint und weiß nun dieses Geheimnis, das uns Anderen so rätselhaft scheint. Papa ist ruhig und sichtlich von Gott gestärkt, ich fürchte noch den Rückschlag, wenn alles vorbei ist. Georg [= Prinz von Bayern, der älteste Sohn Giselas] kam gestern aus Bayern und ist sehr angegriffen; er sah Mama zuletzt von uns allen bei ihrer Durchreise durch München. Leben Sie wohl lieber Latour, Ihnen und Ihrer lieben Frau herzliche Grüße von Ihrer dankbaren Gisela.«[22]

Bayern wird zur Republik

Bei Ausbruch des Ersten Weltkrieges war Leopold vorerst bitter enttäuscht, dass es für ihn, den mittlerweile 68-jährigen General, keine Aufgaben mehr gab, in denen er sein Wissen und seine Erfahrungen beweisen konnte. Es war für ihn daher die größte Erleichterung, als ihm der Deutsche Kaiser im April 1915 den Oberbefehl über die 9. Armee übertrug. Tatsächlich bewährte sich Leopold bei der Ostoffensive und wurde schließlich als »Eroberer von Warschau« gefeiert. Danach ging es für ihn Schlag auf Schlag. Anfang April 1916 Beförderung zum preußischen Generalfeldmarschall, Ende April Nachfolger Hindenburgs als Oberbefehlshaber des deutschen Heeres an der Ostfront. Umso härter traf ihn später die Niederlage des deutschen Reiches. Bayern war jetzt eine Republik, der König hatte abgedankt.

Leopold kehrte nach München zurück, wo Gisela in den letzten Kriegsjahren Räume des Palais Leopold verwundeten deutschen Offizieren zur Verfügung gestellt hatte. Jetzt, nach Kriegsende, wirkte München auf ihn trostlos. In seinen Er-

Gisela, 1916. Nach dem Tod ihrer Eltern erbte Gisela ein ungeheures Vermögen, was der bescheidenen Familie auch in politisch turbulenten Zeiten eine gewisse materielle Sicherheit bot.

innerungen schilderte er die verschmutzten Straßen und die roten Fahnen, die von den öffentlichen Gebäuden hingen, das habe ihm das Herz im Leibe umgedreht.

Am 19. Januar 1919 fanden die ersten Wahlen zur Nationalversammlung statt, an denen erstmals auch Frauen teilhaben durften. Gisela und Leopold gaben ihre Stimmen ab. Wenige Wochen später allerdings verließen sie München angesichts der turbulenten Zustände. Sie flüchteten über Tutzing und Garmisch-Partenkirchen nach Innsbruck und dann weiter nach Italien. Erst im Juli, nachdem sich die Lage beruhigt hatte, kehrten sie in ihr Münchner Palais zurück.

Ruhige letzte Jahre

In den folgenden Jahren führte das Paar ein bescheidenes Leben ohne große Empfänge und Diners. Nicht zuletzt aus finanziellen Gründen. Die Inflation der Zwischenkriegszeit verschlang einen Großteil des Vermögens, das bis dahin immens gewachsen war. Gisela hatte nach dem Tod ihrer Mutter immerhin zwischen vier und fünf Millionen Gulden geerbt, dazu das Achilleion auf Korfu, mit dem sie aber nichts anzufangen wusste und das sie dem deutschen Kaiser Wilhelm II. verkaufte. Und Kaiser Franz Joseph, dessen Tod am 21. November 1916 seiner ihm trotz seiner zunehmenden Verknöcherung und geradezu zwangsneurotischen Pedanterie und Arbeitswut bis zuletzt eng verbundenen Tochter einen schweren Schlag versetzte, hatte Gisela rund 14 Millionen Kronen hinterlassen, Privatvermögen, bestehend aus Gutsherrschaften, Waldbesitz, Villen, Bargeld und Wertpapieren.

Prinz Leopold beschäftigte sich in den Jahren bis zu seinem Tod am 18. September 1930 damit, seine Lebenserinnerungen niederzuschreiben. Gisela überlebte ihren Mann um zwei Jahre, sie starb am 27. Juli 1932. Nach einem Schlaganfall schwer beeinträchtigt, hatte sie die letzten Jahre an ihr Haus gefesselt zugebracht. Ihre letzte Ruhestätte fand die Kaisertochter an der Seite ihres Mannes in der Münchner Kirche St. Michael. Einen Tag nach ihrer Beisetzung errangen die Nationalsozialisten einen überwältigenden Wahlsieg, der Himmel über Deutschland färbte sich braun. Das zu sehen zumindest, blieb der Kaisertochter aus Wien erspart.

Giselas Kinder

ELISABETH MARIE AUGUSTE VON BAYERN (1874–1957)
Sie heiratete 1893 in Genua heimlich den nicht ebenbürtigen Otto Ludwig Philipp von Seefried auf Buttenheim und sorgte damit für den größten »Skandal« der Häuser Wittelsbach und Habsburg. Der Kaiser zeigte sich angesichts des »Familienunglücks« überraschend tolerant. Im Gegensatz zu Prinzregent Luitpold, der die Flucht und die geheime Heirat nicht verzieh, gab er nachträglich die Zustimmung zu dieser Verbindung. Das Paar lebte in Wien und ab 1908 auf Schloss Stiebar in Gresten, Niederösterreich. Sie hatten fünf Kinder, das erste starb jedoch kurz nach der Geburt.

AUGUSTE MARIA LUISE VON BAYERN (1875–1964)
Sie heiratete im November 1893 in München den ungarischen Erzherzog Joseph August. Das Paar lebte später hauptsächlich in Alcsút in Ungarn und hatte sechs Kinder. Auguste war eine der Initiatorinnen der Aktion »Gold für Eisen« zur Finanzierung des Ersten Weltkrieges. Wie ihre Mutter Gisela engagierte auch sie sich während des Krieges aufopfernd für die Pflege und die materielle Unterstützung verwundeter Soldaten. Ende 1944 flüchtete sie mit ihrer Familie aus Ungarn zuerst in die USA und später nach Deutschland.

GEORG FRANZ JOSEF LUITPOLD MARIA VON BAYERN (1880–1943)
Er trat bereits 1897, einen Tag vor seinem 17. Geburtstag, beim Bayerischen Infanterie-Leib-Regiment in die Armee ein und stieg beim Militär langsam aber beständig die Karriereleiter hoch. 1903 wurde der begeisterte Boxsportler Oberleutnant, zwei Jahre später, nun im Ersten Schweren Reiter-Regiment, Rittmeister, und ein Jahr später schließlich Major. Im Ersten Weltkrieg bewährte er sich als Offizier an der West- und Ost-

front, wurde mit dem Eisernen Kreuz 1. Klasse ausgezeichnet und stieg in den Rang eines Obersten auf. Das Privatleben des bayrischen Prinzen verlief weitaus turbulenter als seine militärische Laufbahn. Er heiratete 1912 in Schloss Schönbrunn in einer ganz dem Hause Habsburg angemessenen Prunkhochzeit Erzherzogin Isabella von Österreich-Teschen. Das Paar verbrachte Flitterwochen in Wales, Paris und Algier – die Ehe wurde aber nie vollzogen. Sie wurde ein Jahr später annulliert. Während des Ersten Weltkrieges betätigte sich Isabella als Krankenschwester in der Armee. Dabei lernte sie den Chirurgen Paul Albrecht kennen und verlobte sich mit ihm. Der greise Kaiser aber erteilte seine Zustimmung zu einer Heirat nicht. Isabella blieb bis an ihr Lebensende unverheiratet.

Der Grund für das Scheitern von Georgs Ehe soll dessen tiefe Liebe zu einem Mädchen aus Wien gewesen sein, der Tochter eines wohlhabenden Händlers. Georg wurde es wegen des Standesunterschiedes nicht gestattet, sie zu heiraten. Der Beziehung mit dieser jungen Frau, die mittlerweile mit einem Offizier namens Jan Zapletal verheiratet war, soll sogar ein Sohn entstammen, der 1919 geborene Franz Hans Leopold Maria Zapletal. Als Georg auch nach der Geburt dieses Sohnes von seiner Familie nicht gestattet wurde, seine Jugendliebe zu heiraten, verließ er seine Heimat und die bayrische Königsfamilie. Er begann 1919 in Innsbruck Theologie zu studieren und wurde 1921 zum Priester geweiht. Später setzte er seine Studien in Rom fort, bis er 1925 an der Päpstlichen Akademie graduiert wurde. Er wurde 1926 Päpstlicher Hausprälat mit der Anrede »Monsignore«, 1930 Domherr von St. Peter und 1941 schließlich Apostolischer Protonotar. »Monsignore Georgio« fungierte als wichtiges Bindeglied zwischen dem deutschen Hochadel und dem Vatikan. Sein Tod war ebenso ungewöhnlich wie sein Leben. Er steckte sich in Rom bei Krankenhausbesuchen mit der damals noch so gefährlichen Tuberkulose an und erlag ihr unerwartet 1943.

Um das Jahr 1885:
Gisela und Leopold
mit ihren Kindern
Elisabeth, Konrad,
Georg und Auguste.

KONRAD LUITPOLD FRANZ JOSEPH MARIA VON BAYERN (1883–1969)

Er entschied sich für eine Karriere beim Militär. Als Kommandeur des 2. Schweren Reiter-Regimentes der deutschen Armee kämpfte er im Ersten Weltkrieg an der Ostfront. Er heiratete 1921 Bona Margherita von Savoyen-Genua, das Paar hatte zwei Kinder. Nach dem Krieg wurde er Vorstandsvorsitzender der Heilbronner NSU-Autowerke.

Rudolf – der unglückliche Kronprinz

(21. AUGUST 1858, WIEN – 30. JANUAR 1889, MAYERLING)

Der Sommer 1858 bedeutete für Wien und die ganze Monarchie eine Zeit des Wandels und des Umbruchs. Kaiser Franz Joseph geriet immer mehr unter Druck, endlich ein zeitgemäßes Staatswesen zu schaffen und eine Verfassung zuzugestehen. Damit ließ er sich Zeit. Die Haupt- und Residenzstadt zu einer modernen Metropole umzugestalten hingegen nahm er in Angriff. Mit den Worten »Es ist mein Wille« hatte er am Christtag 1857 die jahrzehntelange Diskussion um die Verwertung der überalteten Stadtbefestigung beendet und den offiziellen Startschuss zur Demolierung der Fortifikationen gegeben. Wien sollte zu einer Metropole werden, in der schon die Architektur ihre Dominanz über alle Städte der Monarchie demonstrierte. Bis Mitte 1858 reichten 85 Architekten ihre Entwürfe ein. Jeder einzelne wurde hitzig diskutiert. Eine Jury arbeitete ein Jahr lang, bis der »endgültige Entwurf« gefunden war und mit dem Bau der Ringstraße, des grandiosen Wiener Prachtboulevards, begonnen werden konnte.

Was die Öffentlichkeit Mitte August aber noch mehr beschäftigte, war die bevorstehende Niederkunft der Kaiserin. Auch während dieser Schwangerschaft waren zahllose Ratschläge aus allen Ländern der Monarchie eingetroffen. Sisi hatte alle genau studiert und, ein wenig abergläubisch, wie sie war, vermutlich auch den einen oder anderen befolgt. Schließlich wusste sie, wie wichtig ein Thronfolger für das Haus Habsburg war.

»Ihre Majestät die Kaiserin geht zum Kinde«, lautete das Telegramm, mit dem Erzherzogin Sophie am Nachmittag des 21. August davon informiert wurde, dass die Niederkunft unmittelbar bevorstand. Sie eilte sofort nach Laxenburg und hoffte, dass die Geburt so rasch und problemlos erfolgen würde, wie die beiden vorangegangenen. Es kam aber ganz anders. Sisi litt dieses Mal nahezu unerträgliche Qualen. Ihre gellenden Schmerzensschreie hallten durch die Räume des Schlosses. Sophie und die Hofdamen fielen auf die Knie und beteten. Um 10 Uhr 15 abends endlich, nach einer überaus schweren Geburt, erblickte das Kind das Licht der Welt. Auf die bange Frage, ob es ein Sohn sei, soll Franz Joseph Sisi in der Sorge, auch eine große Freude könne ihr schaden, geantwortet haben, die Hebamme wisse es noch nicht. Dann aber wurde ihr das Kind gereicht und sie durfte sich selbst davon überzeugen, dass der so heiß ersehnte Thronfolger endlich da war.

Ein Thronfolger: Österreich jubelt

Der 21. August 1858 war ein Jubeltag für Österreich. Die »Wiener Zeitung« schrieb tags darauf: »Bei dem Erscheinen dieses Blattes verkünden 101 Kanonenschüsse in der ganzen Monarchie, daß Ihre Majestät die Kaiserin gestern am 21. August in Laxenburg glücklich von einem Kronprinzen entbunden worden sind. An der Elternfreude des allerdurchlauchtigsten Herrscherpaares, an der Familienfreude des ganzen kaiserlichen Hauses nimmt das Reich Antheil mit frohem, lautem Jubel und mit dem Gefühle der innigsten Dankbarkeit gegen Gott den Allmächtigen, der das Gebet der Liebe und Treue so gnädig erhört hat. Sein Schutz walte über dem kaiserlichen Kinde, das, bestimmt zu einer so großen Aufgabe, das Licht der Welt erblickte ...«

»Des Kaisers Stolz – Die Hoffnung seiner Völker«. Die Taufe von Kronprinz Rudolf fand am 23. August 1858 in Laxenburg statt, als Taufpate fungierte Rudolfs Großvater Erzherzog Franz Karl.

Und weiter meldete die Zeitung: »Aus den Kronländern liegen uns zahlreiche Berichte über die Feier des Allerhöchsten Geburtsfestes vor, an welcher sich alle Klassen der Bevölkerung mit warmer tiefempfundener Begeisterung betheiligten und auch die Dürftigsten durch die Mildthätigkeit ihrer Mitbürger, den schönsten Erguß überquellender Herzensfreude, betheiligt wurden. Erhebende kirchliche und glänzende militärische Feierlichkeiten, Festvorstellungen in den Theatern, fröhliche Schützenfeste, musikalische Produktionen, vor Allem aber vielfache Akte der Wohltätigkeit und

Pietät gaben Kunde davon, wie tief die hohe Bedeutung des Tages die treuen Söhne Österreichs ergriffen hat. Das kleinste Dorf ging nach Verhältnis seiner Kräfte mit der Landeshauptstadt einen Wettkampf ein, um einen Tag würdig zu begehen, dessen oftmalige frohe Wiederkehr das sicherste Unterpfand für das ungetrübte Glück des Vaterlandes in sich schließt. So weit die Grenzen des Kaiserstaates reichen, und weit darüber hinaus, wo immer in der fernen Fremde ein Österreichisches Herz schlug, rauschte in vollen stolzen Klängen oder bebte in der Tiefe des Gemüths leise und innig das Gebet: Gott erhalte unsern Kaiser!«[23]

Im Stephansdom fand um elf Uhr ein feierliches Hochamt mit Te Deum statt. Vor dem Riesentor waren zwei Bataillone in Parade aufgestellt, die Gewehrsalven abgaben, der Hochaltar war von 60 Kerzen erleuchtet. Für den Tag der Taufe wurde in ganz Wien Festbeleuchtung angeordnet, die Adels-Palais der Stadt und der Vorstädte waren mit Tausenden Kerzen erleuchtet. Der Gemeinderat Wiens sagte den 17000 Armen der Stadt je einen Gulden zu. In den mit Fahnen geschmückten Theatern drängten sich Menschenmengen zu Festvorstellungen, das Sommertheater in Fünfhaus gab das Festspiel »Ein glücklicher Tag«, und im Burgtheater sprach die Schauspielerin Julie Rettich als Muse der Geschichte, eine Marmortafel auf den Knien, einen Griffel in der Hand, einen Prolog von Friedrich Halm:

»Hier steht das Jahr, der Tag hier eingegraben;
Der Rest der Tafel aber bleibe leer,
Denn ich muß Raum für seine Thaten haben,
und Großes, ahn' ich, schreib ich noch hierher …
… Von tausend Lippen sprichts im Jubelton:
Franz Joseph hoch und Segen seinem Sohn!«[24]

Am Tag der Taufe wurde Laxenburg zum Ziel einer kleinen Völkerwanderung. Die Bahnhofshalle war um ein riesiges, mit Fahnen und Blumen geschmücktes Zelt verlängert worden. Der verschlungene Namenszug des Kaiserpaares zierte, ebenfalls von Fahnen und Blumen umrankt, das Gebäude. Ganz Laxenburg war illuminiert. Zur Taufe waren mittels »Hofansage« alle Familienangehörigen und der gesamte Hofstaat geladen. Für ihre Anreise wurde ein Separatzug bereitgestellt, am Bahnhof standen Hofwägen bereit, in denen die hohen Gäste zum Schloss fuhren. Die Taufe fand Montagnachmittag um zwei Uhr in Laxenburg statt, im großen Saal des Schlosses, der in eine Kapelle umgewandelt worden war. Die erzherzögliche Aja brachte den Täufling auf einem reich bestickten Kissen aus den Gemächern der Kaiserin. Am Altar übernahm ihn der Erste Obersthofmeister. Fürsterzbischof von Wien, Kardinal Rauscher, taufte das Kind auf die Namen Rudolf Franz Karl Joseph. Als Pate fungierte der Großvater, Erzherzog Franz Karl Joseph. Der Name Rudolf war von großer Symbolkraft. Er erinnerte an den großen Ahnherrn Rudolf von Habsburg (1218–1291) – und an das Bestreben Franz Josephs, die römisch-deutsche Kaiserkrone zurückzugewinnen.

Tränen der Freude

Franz Joseph freute sich unbändig über die Geburt seines Sohnes. Immer wieder kam es vor, dass sich der sonst so pragmatische Mann, der seine Gefühle so gut zu verbergen wusste, dass der Verdacht aufkam, er habe gar keine, Tränen der Rührung von den Wangen wischen musste, wenn ihm gratuliert wurde. Dem kleinen Thronfolger legte er den Orden des Goldenen Vlieses in die Wiege. Aber nicht nur das, er machte ihn schon am ersten Tag seines Lebens zum Oberstinhaber des 19. Infanterie-Regimentes »Raab« – und stellte damit demonstrativ die Weichen für sein Leben. Allein diese Geste machte

Sisi mit ihren drei Kindern: im Arm der neugeborene Rudolf, zu ihren Füßen die zweijährige Gisela und an der Wand ein Porträt der am 29. Mai 1857 verstorbenen Sophie.

klar, was der Vater von seinem Sohn erwartete: Er musste Soldat werden.

Die Entwicklung seines kleinen Sohnes beobachtete Franz Joseph mit großem Interesse. Nach der Geburt gefiel er ihm nicht besonders. Das lässt zumindest der Brief vom 9. September vermuten, in dem er seiner Mutter mitteilte, er sei schon etwas hübscher geworden. Am 25. September jedenfalls konnte er berichten, der Kleine schlafe in der Nacht sehr gut, er sei fast den ganzen Tag wach und schreie mit der kräftigsten Stimme sehr viel. Er sei nicht schön, aber »magnifik« gebaut und sehr stark, wovon er sich gestern bei seinem Bade überzeugt hätte.

Seine junge Frau beschenkte der Kaiser nach der Geburt des Thronfolgers mit einer dreireihigen Perlenkette von immensem Wert. Die Freude über diese großzügige Gabe war allerdings nicht überragend groß. War Sisi's Gesundheitszustand schon während der Schwangerschaft besorgniserregend gewesen, so verschlechterte er sich nach der Geburt erst recht. Die junge Kaiserin litt unter starkem Milchandrang, sie durfte aber nicht selbst stillen, dazu war eine kräftige junge Bäuerin aus Mähren engagiert worden. Später kam Fieber dazu. Schließlich reiste Ludovika aus Bayern an, sie brachte Dr. Fischer mit, einen Arzt, dem Sisi mehr vertraute als dem Sophie verbundenen kaiserlichen Leibarzt Seeburger. Auch Dr. Fischer war angesichts Sisi's Beschwerden mit seinem Latein am Ende. Kindbettfieber war es nicht, das stand fest. Die Ursache für das immer wiederkehrende Fieber, die allgemeine Schwäche und Appetitlosigkeit aber konnte auch er nicht erklären.

Sisi hatte nach der Geburt des Thronfolgers alle Trümpfe in der Hand. Sie war die junge und schöne Kaiserin, sie hatte ihre Pflichten erfüllt. All das hätte genügt, um ihre Position als erste Frau des Reiches zu festigen und Sophie auf den zweiten Rang zu verweisen. Davon aber konnte keine Rede sein. Die Elisabeth-Biografin Joan Haslip schreibt dazu, damals hätte die Kaiserin siegen können, wenn sie so energisch, zielstrebig und fleißig wie Erzherzogin Sophie gewesen wäre. Doch Elisabeth sei keine Kämpferin gewesen. Sophie dagegen hätte angesichts des kaiserlichen Buben noch einmal alle Kraft zusammengenommen, um sich gegen die Schwiegertochter durchzusetzen.[25]

Sisi gibt sich geschlagen

Der Gesundheitszustand der jungen Kaiserin erleichterte es Sophie, die Kindskammer wieder vollkommen unter ihre Kontrolle zu bekommen. Sisi wehrte sich diesmal auch nicht. Sie resignierte und ließ ihre Schwiegermutter schalten und walten. Diese bestellte in alter Umtriebigkeit das Personal und bestimmte den Tagesablauf der beiden Kinder. Gisela und Rudolf hatten bis zu dessen sechstem Geburtstag dieselben Kinderfrauen und als Aja Freifrau von Welden, »Wowo«.

Unbeschwerte Tage erlebten die Kinder im Sommer in Reichenau. Dort hatte Erzherzog Karl Ludwig, der Bruder Kaiser Franz Josephs, die »Rudolfsvilla« zu seinem »Nest« gemacht. Zeitweise war das ganze Haus mit den Zeichnungen seiner drei Söhne Franz Ferdinand, dem späteren Thronfolger, »Bolla«, dem schönen Otto, und Ferdinand Karl tapeziert. Noch bevor die Villa ab 1870 von Architekt Ferstl zur Villa Wartholz aus- und umgebaut wurde, fanden die Kinder dort reichlich Gelegenheit, in der frischen Luft am Fuße des Semmerings herumzutollen, während sich Großmutter Sophie und ihr Gemahl in Ischl aufhielten. Auch dem einjährigen Rudolf und Gisela tat der Aufenthalt in Reichenau gut. Im September 1859 jedenfalls berichtete Franz Joseph seiner Mutter nach seiner Rückkehr aus Italien, er habe die Kinder sehr wohl und heiter gefunden. Der Kleine stehe schon mit großer Entschlossenheit ganz ohne Stütze selbst auf, bleibe dann einige Zeit stehen und falle dann immer um, woraus er sich aber gar nichts mache.

In Reichenau wurde auch der dritte Geburtstag Rudolfs gefeiert. Zu Ehren des kleinen Kronprinzen war der ganze Ort festlich mit Blumen und Fahnen geschmückt und den Eingang der Kirche zierte sogar ein prachtvoller Triumphbogen mit den Initialen des Kaisers. Und dieser trennte sich an diesem Tag sogar von seinen Aktenbergen, fuhr nach Reichenau hinaus und gratulierte seinem nach Beschreibungen

21. August 1861: Rudolf und Gisela in ihrer »Jagdhütte«, die im Park der Rudolfsvilla für die Kinder errichtet worden war.

Erzherzog Albrechts besonders lustigen und herzigen Söhnchen.

Keine Spur von Familienglück

Franz Josephs Wünsche, mit Sisi und den beiden Kindern ein geregeltes Familienleben führen zu können, erfüllten sich nicht. Sisi fühlte sich in Wien ausschließlich dann wohl, wenn Verwandte aus Bayern zu Besuch waren. Als im Januar 1859 Sisi's jüngere Schwester Marie zu Gast war, die bereits per procura dem Kronprinzen von Neapel-Sizilien angetraut war, hatte sie kaum Beschwerden. Verflogen waren Kopfschmerzen und Fieber, Sisi war plötzlich kräftig und gesund genug, um ihre Schwester ins Burgtheater auszuführen, mit ihr Ausflüge zu unternehmen und sie schließlich nach Triest zu begleiten. Von dort aus trat Marie ihre Reise nach Neapel an. Zu ihrem Bräutigam, der sich als geistesschwach und impotent herausstellte, und in ein Königreich, das nur noch wenige Monate bestehen sollte.

Kaum wieder allein in Wien, verschlechterte sich Sisi's Gesundheitszustand rapide. Und als sich der Kaiser im Sommer 1859 an die Front nach Oberitalien begab, geriet sie in dermaßen panische, ja geradezu hysterische Zustände, dass wieder einmal Dr. Fischer aus Bayern anreisen musste. Franz Joseph hatte große Geduld mit seiner jungen und schönen, von ihm innig geliebten Frau. Gerade in politisch hoch turbulenten Zeiten aber, in denen er sich vermutlich nach einem harmonischen Familienleben, nach Liebe und Verständnis sehnte, strapazierten ihn die ständigen Weinkrämpfe und Hustenanfälle, Hungerkuren und stundenlangen Ausritte seiner Frau über Gebühr. Es scheint ganz so, als hätte Franz Joseph, sonst alles andere als ein Abenteurer und Charmeur, sein Glück außer Haus gesucht. Gerüchte über Affären machten jedenfalls die Runde. Und Sisi, erinnert an ihr Elternhaus und die zahllosen Liebesaffären ihres Vaters Max, dachte nur noch an Flucht.

Tatsächlich verließ sie Wien im November 1860. Sechs Monate Madeira, ein kurzer Aufenthalt in Wien, dann Korfu und schließlich Bad Kissingen, zwei Jahre lang war die Kaiserin abwesend. Aus »Krankheitsgründen«, wie die offizielle Erklärung lautete. Tatsache war jedoch, dass sich ihr Husten und ihre Depressionen bald legten, sobald sie weit weg vom Wiener Hof war, und dass sie sich in Madeira gehörig langweilte. Ausgerechnet in der Zeit, in der die Monarchie turbulente Zeiten erlebte und das Reich eine starke Kaiserin an der Seite eines starken Kaisers gebraucht hätte, vertrieb sie sich die Zeit mit Lesen, Kartenspielen und Spaziergängen. Zeitweise litt sie allerdings unter so starker Wassersucht, dass sie nicht einmal ohne Stütze gehen konnte.

Rudolf war zu dem Zeitpunkt von Sisi's Abreise nur wenig älter als zwei Jahre. Dass ihm seine Mutter kaum Aufmerksamkeit schenkte, ja ihn geradezu übersah, indem sie wohl an Gisela, nicht aber an ihn persönlich schrieb, muss dem Kind schmerzlich bewusst geworden sein. Nur so ist der Brief Sisi's zu verstehen, in dem sie ihrem »lieben lieben Bubi« schrieb, sie habe gehört, er sei ganz bös gewesen, weil sie ihm nicht auch geschrieben habe. Sie habe gedacht, er sei noch zu klein, um das zu verstehen. Sie versprach, ihm recht viele und schöne Spielsachen mitzubringen. Und dann fragte sie ihn – erstaunlich genug für eine Mutter –, ob er sich noch ein wenig an sie erinnere …

Sophie wird zur Ersatzmutter

Über das Schicksal Rudolfs und seiner Schwester Gisela entschied zu jener Zeit hauptsächlich Sophie. Sie suchte die Lehrer und Erzieher aus und bestimmte, wann die Kinder nach Ischl oder Reichenau gebracht wurden. Möglich, dass diese bevormundende Fürsorglichkeit bewirkte, dass Sisi kaum ein Selbstwertgefühl als Mutter entwickelte. Den Kindern war Sophie jedenfalls eine liebevolle Großmutter, die nichts unversucht ließ, ihren Enkeln Freude zu bereiten. In diesem Sinne erlebten Gisela und Rudolf unbeschwerte Kinderjahre. In Reichenau hatten sie sogar eine eigene kleine Jagdhütte zum Spielen und erfreuten sich an einem zahmen Reh, das Papa Gisela von der Jagd mitgebracht hatte.

Als Sisi nach ihrer zwei Jahre dauernden Abwesenheit wieder in Wien eintraf, wurde ihr ein glänzender Empfang beschert. Die Stadt veranstaltete einen Fackelzug mit 14 000 Fackel- und Lampionträgern und zehn Musikkapellen, der insgeheim allerdings zu einer Demonstration deutschnationaler Ideen geriet.

Das Familienleben im Kaiserhaus war nach Sisi's Rückkehr noch lange alles andere als harmonisch. Zwar nahm die junge Kaiserin gelegentlich ihre Repräsentationsaufgaben wahr, so erschien sie 1865 sogar zur Eröffnung der Ringstraße, eine weitere Schwangerschaft ließ ihr »Gesundheitszustand« jedoch nicht zu. Dr. Fischer riet hingegen zu Aufenthalten in Bad Kissingen. Ihr Schlafgemach blieb für den Kaiser verschlossen. Für lange Ausritte und stundenlange Wanderungen, für Hungerkuren, Turnübungen am Reck, mit Ringen und Hanteln, fest geschnürte Mieder und regelrechten Körperkult allerdings reichte ihre Konstitution aus.

Rudolf wuchs zu einem intelligenten, geistig regen und hoch sensiblen Kind heran. Zur Freude seiner Großmutter konnte er sich schon als Fünfjähriger außer in Deutsch auch noch in Französisch, Tschechisch und Ungarisch unterhalten. Körperlich allerdings entwickelte er sich nicht gut. Rudolf war alles andere als robust. Häufig krank, hustend und anfällig, war er ein dünnes, blasses, nervöses Kind, das der erste kühle Windhauch umwerfen konnte. Von seiner Mutter hatte er die schwärmerische Phantasie der Wittelsbacher, die mangelnde Bodenhaftung und die übergroße Sensibilität geerbt. Und gerade das gefiel seinem Vater, dem Kaiser, gar nicht. Er wollte seinen Sohn weniger als »Krepierl« sehen, wie er ihn oft nannte, sondern als einen »richtigen« Mann. Als einen Soldaten, und nicht ein Blatt im Wind. Und das war möglicherweise eine der Wurzeln für das spätere tragische Schicksal des Kronprinzen.

Die unbeschwerten Kindertage Rudolfs endeten mit seinem sechsten Geburtstag. Jetzt wurde er von seiner geliebten Schwester Gisela und der gemeinsamen Aja getrennt und erhielt einen eigenen, männlichen Haushalt. Für die Kinder war dies das erste einschneidende, äußerst schmerzliche Ereignis. Die Tränen flossen in Strömen.

Überraschend war die Teilnahme Sisi's an der Eröffnung der Wiener Ringstraße. Der Gesundheitszustand der Kaiserin hatte sich kaum gebessert, was weitere Kuraufenthalte nach sich zog.

Sadistische Abhärtungsmethoden

Für Rudolf sollte es aber bald noch schlimmer kommen. Um ihm eine gute, militärische Erziehung zu garantieren, hatte Erzherzogin Sophie selbst für ihren Enkel einen Erzieher bestimmt, Generalmajor Graf Leopold Gondrecourt. Dieser verbissene, nahezu sadistische »Kommißknopf« nahm Rudolf noch um vieles härter ran, als es ihm aufgetragen worden war. Von eiskalten Wassergüssen bis hin zu nächtlichen Exerzierübungen in tiefem Schnee und zu Pistolenschüssen, die ihn nachts aus dem Schlaf schrecken sollten, reichte die Palette der Abhärtungsübungen für das übernervöse, kränkliche Kind. Das Ergebnis: Rudolf litt, ganz die Mama, unter Fieber- und Hustenanfällen, Magenkrämpfen und Katarrhen. Nach einem

Jahr ärgsten Drills war er körperlich und psychisch so ruiniert, dass sogar sein Tod befürchtet wurde.

Bei Hof hatte man die Methoden Gondrecourts mit größtem Entsetzen beobachtet. Angeblich soll sich die frühere Aja Rudolfs, Freifrau von Welden, einmal sogar vor dem Kaiser auf die Knie geworfen und flehentlich um einen anderen Erzieher für das Kind gebeten haben. Vergeblich. Der Kaiser blieb bei seiner Ansicht, Rudolf müsse abgehärtet werden. Als Sisi erfuhr, dass Gondrecourt das verängstigte Kind einmal sogar im Lainzer Tiergarten in ein Gatter gesperrt und ihm so lange zugerufen habe »Es kommt ein Wildschwein«, bis er sich vor Angst und Panik halb totschrie, war das Maß für sie voll. In einem Ultimatum forderte sie den Kaiser auf, Gondrecourt, den Protegé ihrer Schwiegermutter, zu entlassen. Sie stellte den Kaiser sogar schriftlich vor die Alternative: Er oder ich.

Sisi's Sieg über Sophie

Der Kaiser gab nach. Sisi hatte damit einen entscheidenden Sieg im Kampf mit ihrer Schwiegermutter errungen. Ermutigt dadurch, verfasste sie im August 1865 in Ischl ein Schreiben, in dem sie festhielt, dass sie in allem, was die Kinder betraf, unumschränkte Vollmacht habe. Der Kaiser akzeptierte. Die Wunden, die Gondrecourt Rudolf zugefügt hatte, sollten jedoch nie mehr ganz verheilen. Rudolf litt zeit seines Lebens an nächtlichen Angstanfällen.

Mit der Erziehung Rudolfs wurde Joseph Latour von Thurmburg betraut, ein Untergebener Gondrecourts, der sich schon früher für das arme, gequälte Kind eingesetzt hatte. Sein Erziehungsstil unterschied sich wesentlich von dem seines Vorgängers. War jener extrem konservativ, so war seiner extrem freisinnig und liberal. Diesem Mann, einem weisen,

1865, Rudolf als Oberst seines Infanterie-Regiments Nr. 19. Mit martialischen Mitteln sollte Kronprinz Rudolf abgehärtet und zu einer militärischen Laufbahn erzogen werden. Daran zerbrach das sensible und kränkliche Kind.

geduldigen, warmherzigen Erzieher, gelang es bald, Rudolfs Vertrauen zu gewinnen. Er verstand es, das wissbegierige, zu Skepsis und Kritik neigende Kind zu führen.

Die folgenden Jahre waren von markanten Ereignissen geprägt. Österreich erlitt 1866 in der Schlacht von Königgrätz eine verheerende Niederlage. Es büßte die deutsche Vormachtstellung ein und alles, was vom Römischen Reich noch übrig war. Als Nächstes ging Venedig verloren, der letzte Besitz der Casa de Austria in Italien. Dann wurde in Mexiko, in

Querétaro, Kaiser Maximilian erschossen, der jüngere Bruder Kaiser Franz Josephs. Und in Ungarn liefen in hoch explosiver Atmosphäre die Vorbereitungen für den »Ausgleich« von 1867, die Gleichstellung in der Doppel-Monarchie. Der achtjährige Rudolf interessierte sich brennend für die Kriegsereignisse um Königgrätz. Zum Zeitpunkt der Schlacht hielt er sich in Wien auf, seine Mutter berichtete ihm in langen Briefen minutiös aus Ofen. Wenn Rudolf in Ungarn war, bekam er die vielen Gespräche mit, die Sisi mit magyarischen Politikern führte, allen voran mit dem aus dem Pariser und Londoner Exil zurückgekehrten Gyula Andrássy. Diese Aufenthalte prägten Rudolf, er sollte zu Ungarn später immer eine enge Beziehung haben.

Rudolf war auch dabei, als Kaiser Franz Joseph und Kaiserin Elisabeth am 8. Juni 1867 in der Matthiaskirche gekrönt wurden. Die überaus feierliche Zeremonie, in deren Verlauf der nunmehr zum Ministerpräsidenten Ungarns aufgestiegene Andrássy das Kaiserpaar mit der Stephanskrone zu König und Königin von Ungarn krönte, fand im Schulheft des Neunjährigen, der mit der deutschen Rechtschreibung offenbar noch nicht nachhaltig Freundschaft geschlossen hatte, folgenden Niederschlag: »In der Kirche waren viele Magnaten und Ofiziere, dann fing die Musik an und der Primas und viele katholische und griechische Bischöfe und sehr viele andere Priester. Dann kam Papa und Mama. Mama setzte sich auf eine Art von Tron und Papa gieng zum Altar, wo viel Lateinisch gelehsen wurde … Nachher ertönten die Pauken und Andrássy und der Primas setzten dem Papa die Krone auf. Dann bekam Papa den Reichsapfel und das Szepter in die Hand …«[26]

Am 8. Juni 1867 wurde das österreichische Kaiserpaar zu König und Königin von Ungarn gekrönt. Der neunjährige Rudolf durfte an dieser überaus feierlichen Zeremonie in der Budapester Matthiaskirche teilnehmen.

Der kleine Grünschnabel

Den Erziehungsplan für Rudolf entwarf der Kaiser persönlich. Rund 50 Lehrer, darunter so berühmte Wissenschaftler wie Ferdinand von Hochstetter, Adolf Exner und Anton Gindely, wurden dazu engagiert, ihn in allen wesentlichen Fächern und Wissensgebieten zu unterrichten. Sie stellten höchste Anforderungen an das Kind, paukten ihm täglich zwölf bis 13 Stunden ihre Lektionen ein, beurteilten es aber übereinstimmend positiv. Sie attestierten ihm leichte Auffassungsgabe, Intelligenz und vielseitiges Interesse. Nicht zu übersehen war allerdings, dass sich Rudolf zu einem rechten »Grünschnabel« entwickelte, zu einem richtig frühreifen Kind. Was den Lehrern besonders auffiel, war sein »natürliches Form- und Redetalent«, aber auch sein »Mangel an methodisch operierendem Denken«. Zu beanstanden hatten sie lediglich seine Gleichgültigkeit im Religionsunterricht.[27]

Gerade dieser Punkt störte seine Mutter im Gegensatz zu der strenggläubigen Erzherzogin Sophie nicht besonders. Für sie zählten Latours Berichte mehr, dass Rudolf bereits sehr mutig reite. Mit großer Skepsis beobachtete sie allerdings, dass er zwar größtes Interesse für Tiere und ihre Lebensweise zeigte, allerdings auch mit Leidenschaft auf alles schoss, was sich bewegte.

Es war ein schwerer Schlag für Rudolf, als seine Schwester Gisela, die ihm immer nah gestanden war, erst kaum 17-jährig heiratete und nach Bayern zog. Rudolf blieb »allein« in Wien zurück. Er war zwar von Scharen von Erziehern, Lehrern und Bediensteten umgeben, seit Gisela weg war, fehlte ihm aber die richtige Bezugsperson. In Ischl unternahm Sisi mit ihren Kindern gelegentlich fröhliche Ausflüge in die Umgebung. Dann kam es vor, dass der nette, sympathische Rudolf mit seinen braunen Rehaugen herzlich lachte und kicherte. Weitaus häufiger verhielt sich Sisi ihrem oft nervösen und frühreifen Sohn gegenüber jedoch kühl bis desinteressiert. Dass er vielleicht ebenso wie sie unter den Einengungen des Hoflebens litt und ihrer Hilfe bedurfte, kam ihr nicht in den Sinn. Sie schenkte einzig und allein der kleinen Valerie Zuneigung, Wärme und Aufmerksamkeit. Das wiederum weckte in Rudolf nagende Eifersucht. Es war für ihn alles andere als leicht, zu sehen, wie dieses kleine Mädchen alles bekam, wonach er sich vergeblich sehnte. Entsprechend abweisend, ja zeitweise sogar unfreundlich bis feindlich, verhielt er sich seiner kleinen Schwester gegenüber. Für Sisi war das ein Grund mehr, ihre Valerie in Schutz zu nehmen und gegen Rudolf zu opponieren.

Der Wissensdurst des Thronfolgers

Die Jahre, in denen Rudolf vom Jüngling zum Mann wurde, waren nicht nur in politischer, sondern auch in wissenschaftlicher Hinsicht hoch interessant. Die organische Chemie, die Bakteriologie, die Elektrophysik und die Elektrotechnik, Darwins Evolutionstheorie und sein bahnbrechendes Werk »Die Entstehung der Arten«, das alles waren neue, in die Zukunft weisende Wissensgebiete. Und sie waren ganz dazu angetan, den jungen, wissensdurstigen Rudolf zu faszinieren. Schon 1870, also mit zwölf Jahren, bekundete der kleine Kronprinz sein Interesse für die Vogelkunde in seiner Schrift »Adlerjagden«. Mit 14 Jahren verfasste er, mittlerweile mit der deutschen Rechtschreibung etwas mehr vertraut, bereits druckreife Abhandlungen über philosophische oder politisch-historische Probleme und staatswissenschaftliche Fragen. Latour staunte nicht schlecht, als ihm sein Schützling zu Weihnachten 1872 eine Sammlung von Aufsätzen überreichte, in denen er Erkenntnisse des unreifen Jünglings zu lesen bekam: Der Mensch sei nichts als ein veredeltes Tier, Aristokraten und Geistliche arbeiteten von jeher Hand in Hand, um das übrige Volk recht dumm zu erhalten und dann bequem gemeinsam darüber zu herrschen, die erste Gesellschaft, wie sie sich nenne, sei mit sehr wenigen Ausnahmen bloß eine faule Eiterbeule am Staatskörper.[28]

Diese Denkart des jungen Kronprinzen machte bei Hof rasch die Runde, in aller Heimlichkeit selbstverständlich. Hinter vorgehaltener Hand fragten sich viele, wie er wohl auf derartige Ideen gekommen sein könnte. Er habe achtlos hingeworfene Äußerungen seiner Mutter aufgeschnappt und missverstanden, meinten die einen, andere wieder gaben seinen liberalen Lehrern die Schuld. Viele vertraten aber auch die Ansicht, das nahe Verwandtschaftsverhältnis seiner Eltern habe dazu geführt, dass sich bei dem Kind so merkwürdige Anlagen ausgebildet hätten. Der lebende Gegenbeweis für diese Theorie war allerdings Rudolfs Schwester Gisela. Bei ihr zeigte sich keine Spur von Degenerationserscheinungen. Sie stand von frühester Jugend an mit beiden Beinen am Boden, besaß praktischen Hausverstand und entwickelte sich zu einer ganz normalen, vernünftigen, ja sogar ein wenig hausbackenen jungen Frau. In den Grundzügen ihres Charakters glich sie ihrem Vater, Kaiser Franz Joseph.

Liberaler, wilder Rudolf

Bei Rudolf hingegen traten mit den Jahren immer deutlicher Gesinnung und Charaktereigenschaften seiner Mutter hervor. Wie Sisi war er antiaristokratisch, antiklerikal und liberal eingestellt, hielt die Monarchie als Staatsform für überholt, ahnte das Ende des Habsburgerreiches voraus und wälzte sogar Pläne, sich für den Fall der Fälle in einer Republik niederzulassen. Wie Sisi war er hochintelligent und phantasiebegabt, übersensibel, lebhaft und unstet. Und er war maß- und hemmungslos.

Im Juli 1877, einen Monat vor seinem 19. Geburtstag, wurde Rudolf für volljährig erklärt. Seine Erziehung galt als abgeschlossen, die Schar der Lehrer betrachtete ihre Aufgabe als erfüllt. Der Kronprinz erhielt einen eigenen Hofstaat, ein neuer Lebensabschnitt begann. Für Rudolf bedeutete das unter anderem, dass er seine Leidenschaften voll ausleben konnte. Eine davon galt der Jagd, eine andere der wissenschaftlichen Arbeit, und eine dritte den Frauen.

Dass diese Passionen schon zu jenem frühen Zeitpunkt gefährliche Ausmaße annahmen, lässt der Brief vermuten, den einer seiner Erzieher, Max Freiherr von Walterskirchen, an ihn richtete: »Sie haben eine schöne, freudvolle Jugendzeit hinter sich. Sie haben nicht not, den Becher des Lebens mit Hast – einem lang Dürstenden gleich – hinunterzustürzen. Genießen Sie die Freude des Daseins mit Maß …«[29]

Rudolfs Interesse für Zoologie und Ornithologie führte dazu, dass er 1878 den berühmten Alfred Brehm bei seinen Forschungsreisen begleitete und in den südungarischen Donauauen auch Adler jagte.

Dieser gut gemeinte Ratschlag verhallte ungehört. Der junge Kronprinz schlug in jeder Beziehung über die Stränge. Die Jagdleidenschaft hatte ihn schon früh erfasst. Das war noch nichts Ungewöhnliches, die Jagd hatte im Hause Habsburg Tradition, sie war Teil der höfischen Kultur. Ganz in diesem Sinne hatte Kaiser Franz Joseph seinen kleinen Sohn von Ischl oder Reichenau aus gerne mit auf seine Jagdausflüge genommen, zur Auerhahnbalz oder zur Pirsch. Im zarten Alter von neun Jahren schoss Rudolf am Jainzen bei Ischl bereits seinen ersten Hirsch, einen kapitalen Zehnender. Spätestens ab diesem Zeitpunkt wurde das Jagen und Schießen für ihn zur Passion. Dass er es als Bub in Ischl fertigbrachte, vom Fenster aus auf süße kleine Gimpel und possierliche Eichhörnchen zu schießen, das empörte vor allem seine kleine Schwester Valerie. Im Unterschied zu dem späteren Thronfolger Franz Ferdinand, der auf der Jagd regelrecht in einen Blutrausch verfiel und blindwütig Tausende Tiere erlegte, war Rudolf auch ein gewissenhafter Naturbeobachter. Wie seine ornithologische Sammlung beweist, ging es ihm oft auch um wissenschaftliche Arbeit.

Gerade in dieser Beziehung spielte im Leben Rudolfs einer seiner früheren Lehrer eine wichtige Rolle: Alfred Brehm. Der Zoologe, dessen populärwissenschaftliches Werk »Brehms Tierleben« später noch Generationen von Jugendlichen mit der Welt der Tiere vertraut machte, weckte auch bei Rudolf das Interesse für die Zoologie, insbesondere der Ornithologie. Kennengelernt hatte Rudolf den Zoologen und Freimaurer 1873 bei der Eröffnung der Wiener Weltausstellung. In den Jahren 1878 und 1879 begleitete Brehm den Kronprinzen auf ornithologische Forschungsreisen in die südungarischen Donauauen. Dort jagte der Kronprinz mithilfe seines zahmen Uhus und Aasfleisch als Köder auch Adler. Später begleitete er ihn nach Spanien und Ungarn. Nicht zuletzt seinem Einfluss war es zu verdanken, dass sich auch Rudolf zu einem anerkannten Ornithologen entwickelte und wissenschaftlich fundierte Abhandlungen verfasste.

Mit wie großer Begeisterung und Ernsthaftigkeit Rudolf arbeiten konnte und wie groß sein literarisches Talent war, beweisen seine Studie über den Wienerwald und das Reise- und Jagdbuch »Fünfzehn Tage auf der Donau«. Letzteres fand 1879, bei dem von Hans Makart zur silbernen Hochzeit des Kaiserpaares organisierten grandiosen Festzug, eine interessante Würdigung: Drucker in Kostümen aus der Zeit Gutenbergs vervielfältigten das Werk auf einem der Wagen, die diverse Zünfte als »lebende Bilder« zeigten. Mit großem innerem Engagement übernahm Rudolf auch die Leitung für das 1885 erschienene Werk »Die österreichisch-ungarische Monarchie in Wort und Bild«, das vermutlich auf eine Initiative von Erzherzog Johann Salvator hin entstand und das in mehreren Bänden jedes Kronland in Geographie, Geschichte, Volkswirtschaft, Volkskunde, Kunst und Verkehrswesen darstellte. Er verfasste auch selbst Vorworte und Artikel.

Rebellion gegen die konservativen Strukturen

Prägenden Einfluss hatte auf Rudolf auch der Nationalökonom Professor Carl Menger, der mit seinem 1871 erschienenen Werk »Grundsätze der Volkswirtschaftslehre« Furore gemacht hatte. Von der Herkunft galizischer Jude, von der Einstellung her liberaler Freidenker, wurde er ab 1876 zu einem der engsten Freunde und Vertrauten des Kronprinzen. Er begleitete ihn im Winter 1878 auf der Reise, die dieser gemeinsam mit seiner Mutter nach England unternahm. Sisi hatte in Cottesbrook, Northamptonshire, ein Jagdhaus gemietet und frönte ihrer Leidenschaft, den Parforcejagden. Da sie wusste, dass Rudolf nicht so gut ritt wie sie selbst und einen Unfall befürchtete, hatte sie sich ausdrücklich dagegen ausgesprochen, dass ihr Sohn an den Reitjagden teilnahm. Der an jeder Art von Fortschritt brennend interessierte Rudolf zog es ohnehin vor, die englischen Industriegebiete in Augenschein zu nehmen. Als er in London mit Sisi zusammentraf, kam es im Zusammenhang mit einer Klatsch- und Tratschgeschichte um deren Beziehung zu dem Reitlehrer »Bay« Middleton zu einem Zerwürfnis. Rudolf verhielt sich ungewöhnlich hart und ablehnend. Gut möglich, dass dieser an sich nichtige Anlass zum Ventil wurde für seine Eifersucht, für den Mangel an Mutterliebe, unter dem er so viele Jahre gelitten hatte, und an der generellen Ablehnung der oberflächlichen, ausschließlich auf Vergnügungen ausgerichteten Lebensart der Aristokratie. In dem 1878 anonym erschienenen Pamphlet gegen den österreichischen Adel, das als gemeinsames Werk von Rudolf und Menger galt, findet sich jedenfalls ein pikanter Seitenhieb auf den Reitsport. Der Adel fasse ihn als ernsten Teil des Lebens auf, heißt es da …

Als Ergebnis seiner liberalen Erziehung betrachtete Rudolf die konservative Politik des Kaisers und seiner Regierung äußerst kritisch. Und er hielt mit seiner Meinung nicht hinterm Berg. Dass er vom System und von der Denkart seines Vaters ausgesprochen wenig hielt, gab er immer wieder laut und deutlich zu verstehen. Ganz der jugendliche Heißsporn, drängte er auf Veränderung, war ein glühender Anhänger des Trialismus, der die Slawen der Monarchie gleichstellen wollte, und war bitter enttäuscht darüber, dass ihn sein Vater von den Regierungsgeschäften ausschloss, dass er weder seine Meinung noch seine Kritik akzeptierte und seine Ideen gern abfällig mit den Worten abtat: »Der Rudolf plauscht wieder.«

Rudolfs heiß ersehnten Wunsch, ein Studium der Naturwissenschaften absolvieren zu dürfen, lehnte der Kaiser entrüstet ab. Er sah seinen Sohn als Soldaten. Nichts anderes kam in Frage als die Militärlaufbahn, schließlich sollte Rudolf ja ab dem Tag der Thronbesteigung der oberste Befehlshaber der Armee sein. In diesem Sinn teilte er ihn einem in Prag stationierten Regiment zu. Davon erhoffte er sich den Nebeneffekt, dass die Anwesenheit des Thronfolgers in der Hauptstadt des

Königreiches die Beziehung zwischen den Tschechen und dem Haus Habsburg stärken sollte.

Rudolf beim Militär

Im Juli 1878, nunmehr 20 Jahre alt, trat Rudolf seinen Dienst im 36. Linienregiment in Prag an. Der Empfang in Prag war vorerst relativ kühl. Als Rudolf aber seine Sympathien für die Slawen im Allgemeinen und die Tschechen im Besonderen immer wieder kundtat, stieg seine Beliebtheit. Mit dem böhmischen Adel und dem Klerus allerdings segelte er auch in Prag bald auf Kollisionskurs. Neu für ihn war, dass ihn das Militär faszinierte. »Rudolf glaubte in der Armee jenes Tätigkeitsfeld gefunden zu haben, in dem er sich bewähren kann, bevor er von seinem Vater mit verantwortungsvolleren Aufgaben im Dienste des Staates betraut wird«, schreibt Jean-Paul Bled in seiner Kronprinz-Rudolf-Biographie. »In der Zwischenzeit macht die Entscheidung für die Infanterie seine Präferenzen deutlich … Rudolf wird mit einem Milieu vertraut, das ganz nach seinem Herzen ist. In dem sich, über alle nationalen Bindungen hinweg, eine absolute Ergebenheit gegenüber der Krone mit einem Liberalismus josephinischer Prägung paart, der sich vor allem gegen die klerikalen und elitären Tendenzen der Aristokratie richtet.«[30] Dies habe so genau den Ansichten Rudolfs entsprochen, dass er in seinem Testament von 1879 sein Regiment als seine »eigentliche Heimat« bezeichnete.

Rudolfs liberale Gesinnung machte rasch die Runde. Seine Ansichten, wie dass er die Monarchie für einen Hort der Reaktion, das Bündnis von Adel und Klerus für eine Verschwörung zur Niederdrückung des Volkes, und die Religion überhaupt für ein Mittel zur Volksverdummung hielt, wurden öffentlich bekannt. Bald regte sich Widerstand nicht nur beim Hochadel, sondern auch beim Klerus und den konservativen Politikern, die seit 1879 mit Ministerpräsident Taaffe an der Spitze regierten. Gerade ihm gegenüber hielt sich Rudolf mit Kritik nicht zurück. Er äußerte immer wieder, dass er das Taaffe'sche System für ein Unglück für Österreich halte.

Der charmante Herzensbrecher

Im Alter von 20 Jahren war Rudolf ein schlanker, nahezu schmächtiger, nicht allzu großer Mann mit kurz geschnittenem, schon zu diesem Zeitpunkt schütter werdendem Haar. Er war alles andere als athletisch gebaut, optisch kein strahlender Held und kein Siegertyp. Rudolf hatte aber das »gewisse Etwas«, das »Je ne sais quoi«. Er verstand es, Menschen mit seinem Charme zu bezaubern, sie mit seiner mysteriösen Art zu sprechen in den Bann zu schlagen. Er war von Natur aus ernst, seine Stimmungen konnten aber – möglicherweise ein Erbe des Wittelsbacher Naturells – abrupt umschlagen. Er hatte einen, wie es Fürstin Radziwill nannte, oft »träumerischen Ausdruck« im Blick, der innere Angst vermuten ließ, und einen Anflug von Skepsis um die Lippen. In seinem Gesichtsausdruck hinterließen kaum zu bewältigende Gedankenfluten und durchzechte Nächte schon früh ihre Spuren.

Seinem Rang und seiner Stellung nach war Rudolf der begehrteste Junggeselle seiner Zeit. Das allein aber war es nicht, was die Frauenherzen höher schlagen ließ. Was sie faszinierte, war, dass er durch und durch verführerisch war, unberechenbar und abgründig. Die Frauen lagen ihm regelrecht zu Füßen. Sie überhäuften ihn mit – oft anonymen – Liebesbriefen, machten ihm eindeutig zweideutige Angebote, ließen nichts unversucht, um sich in Szene zu setzen und ihn auf sich aufmerksam zu machen. Und Rudolf? Er nahm, was er bekommen konnte.

Rudolf hatte den Charme seiner Mutter geerbt, was ihn besonders bei den Frauen seiner Umgebung beliebt machte.

Schon in dem Jahr vor seiner Versetzung nach Prag dürfte Rudolf eine längere Liaison gehabt haben. Seine vermutlich erste Geliebte war die Schauspielerin Johanna Buska. Sie war um elf Jahre älter als der Kronprinz, hatte bereits in Petersburg auf der Bühne gestanden und war 1874 an das k.k. Hofburgtheater in Wien berufen worden. In den sechs Jahren, die sie dem Ensemble angehörte, spielte sie zwar immer wieder größere Rollen, ganz an die Spitze schaffte sie es aber nicht. Der Kronprinz versäumte dennoch keine Vorstellung, in der sie auftrat, er war vermutlich ihr glühendster Verehrer. Das Ende der Romanze kam allerdings, als er im Juli 1878 nach Prag musste. Die Buska heiratete später den 68-jährigen ungarischen Grafen Nikolaus Casimir Török de Szendrő, einen hoch dekorierten Reiteroffizier und Generalmajor der ungarischen Leibgarde. Als sie im Februar 1881 ihren Sohn Alexander zur Welt brachte, tauchten Gerüchte auf, Rudolf sei der Vater. Das scheint jedoch aus rein zeitlichen Gründen unwahrscheinlich. Nach Töröks Tod heiratete die nunmehrige Gräfin den Prager Theaterintendanten Angelo Neumann und kehrte auf die Bühne zurück. Über die Beziehung zum Kronprinzen behielt sie Stillschweigen. Sollte es ein Geheimnis gegeben haben, dann nahm sie es mit ins Grab.

In Prag hatte der junge Kronprinz reiche Gelegenheit, sich nach Lust und Laune auszutoben. Er scheint Amouren ohne Ende gehabt zu haben. Flüchtige, rasch wieder beendete, kaum Spuren hinterlassende Liebschaften. Bis auf eine. In einem Armenviertel hatte Rudolf ein hübsches, jüdisches Mädchen kennengelernt. Die Eltern aber schickten das arme Mädchen aus Angst, es könnte den Verführungskünsten des Kronprinzen erliegen, in ein entlegenes Dorf und setzten seine Verlobung mit einem einfachen Krämer durch. Das schöne Kind aber erkrankte aus Kummer an einem schweren Nervenfieber und starb. Rudolf war zutiefst geschockt, er litt unter Schuldgefühlen und Gewissensqualen. Für eine Weile. Dann stürzte er sich in neue Liebesabenteuer.

Seine Erfolge bei den Frauen schmeichelten seiner Eitelkeit und stärkten sein Selbstbewusstsein. Nachhaltig gut aber taten sie ihm nicht. Er sei zu weich und zu schwach gewesen, um sich von diesem verführerischen, aber für einen Thronerben nichtigen Treiben beizeiten loszureißen, notierte ein Mann aus seiner Umgebung im Nachhinein. Und Marie Festetics, die Hofdame der Kaiserin, hielt in ihrem Tagebuch fest, er sei zu nett, kenne aber kein Maß. Er habe so viele Abenteuer, dass einem bange werde.[31]

Marie Festetics stützte sich nicht nur auf Vermutungen. Sie wusste genauer Bescheid, denn sie war es, der Rudolf gelegentlich kleine »Confidencen« machte. Was sie da im Vertrauen zu hören bekam, ließ sie allerdings gehörig staunen. In ihrem Tagebuch wunderte sie sich: »Wie Versuchung an so einen jungen Mann herantritt!« In diesem Zusammenhang erwähnte sie eine Madame Vetsera. Sie scheine zwar nicht gerade gefährlich, denn sie sei weiß Gott nicht reizend, aber sie sei so pfiffig und benütze gerne alle Leute. Sie wolle zu Hof gehen, sich und ihre Familie zur Geltung bringen. Ihre Töchter wüchsen heran, freilich noch sehr langsam, aber man baue von Grund auf … Dass die Baronin Vetsera den Kronprinzen ins Visier genommen hatte, fiel sogar dem Kaiser auf. Am 3. Dezember 1879 knurrte er abends bei Tisch: »Was die Frau mit Rudolf treibt, ist unglaublich. Reitet ihm auf Schritt und Tritt nach. Heute hat sie ihm sogar etwas geschenkt.«[32]

Das Geschenk war ein Zigarettenetui. Rudolf freute sich vorerst. Als er dann aber die Botschaft »Morgen um ½ 12 Uhr in meiner Wohnung« las, verflog seine Freude. Baronin Helene Vetsera, eine geborene Baltazzi, die es dank ihrer Umtriebigkeit geschafft hatte, sich und ihrer als neureich und kaum hoffähig geltenden Familie Zugang zu höchsten Gesellschaftskreisen zu verschaffen und die auch regelmäßig bei den alljährlichen Hofjagden in Ungarn auftauchte, war zu weit gegangen. Der Hoftratsch bauschte den Vorfall zwar genüsslich zu einer Affäre auf, wahrscheinlicher aber ist, dass Rudolf ausnahmsweise einmal nein gesagt hat. Allzu viele Gedanken wird er danach an die Baronin Vetsera auch nicht verschwendet haben. Wo immer er hinkam, erwarteten ihn hübschere und süßere Verlockungen. Und anzustrengen brauchte er sich sicher nie. Wie sehr er sich seiner Wirkung auf Frauen bewusst war, zeigt sein späterer Ausspruch: »Es hat noch keine Frau gegeben, die mir widerstanden hätte.« Aber da hatte seine unermüdliche Jagd nach der Weiblichkeit längst nahezu krankhafte Züge angenommen.

In Begleitung der Geliebten auf Brautschau

Gegen Ende 1879, nach der pompös begangenen Silberhochzeit des Kaiserpaares, begannen die Strategen bei Hof darauf hinzuweisen, dass es für Rudolf an der Zeit war, sich auf Brautschau zu begeben. Aus dynastischen Gründen zum einen, und in der Hoffnung, ein geordnetes und geregeltes Familienleben würde nicht nur die liberalen und freigeistigen Tendenzen des Thronfolgers eindämmen, sondern auch seinen Hang zu Ausschweifungen und Exzessen. Tatsächlich reiste Rudolf nach Spanien und Portugal. Mehr als die wenig attraktiven heiratsfähigen Damen faszinierten ihn dort jedoch die Jagd und die Ornithologie, und so war die »spanische Lösung« nach seiner Rückkehr kein Thema mehr. Fündig hingegen wurde Rudolf in Belgien.

In Brüssel hatte König Leopold II. aus dem Hause Sachsen-Coburg und Gotha sein Interesse an der Verheiratung seiner Tochter Stephanie, durch ihre Mutter Marie Henriette eine halbe Habsburgerin, mit einem regierenden oder zur Regierung gelangenden katholischen Fürsten Europas bekundet. Kaiserin Elisabeth war alles andere als angetan, schließlich hatte das Haus Habsburg mit Töchtern aus dem Haus Coburg schon mehrfach katastrophale Erfahrungen gemacht. Der mittlerweile geistig umnachteten Charlotte wurde angekreidet, sie habe Maximilian durch ihren maßlosen Ehrgeiz in das tödliche Mexiko-Abenteuer getrieben. Und in Wien sorgte die schöne Louise, Stephanies Schwester, für Skandale. Sie hatte 1875 Prinz Philipp von Sachsen-Coburg-Gotha geheiratet, einen ebenso reichen wie geizigen Tyrannen. Schon in der Hochzeitsnacht war sie vor ihrem brutalen Ehemann in den Park geflüchtet, später machte sie immens hohe Schulden und lieferte Affären, die sogar den Reichsrat beschäftigten und dazu führten, dass sie in ein Sanatorium gesperrt wurde. Vehement Stellung gegen die Heiratspläne ihres Sohnes bezog Sisi dennoch nicht. Sie hatte wichtigeres zu tun. Ihre Reit- und

Gruppenbild um das Verlobungspaar Rudolf und Stephanie von Belgien: Leopold II., König der Belgier, und seine Gemahlin Marie Henriette, Erzherzogin von Österreich, neben Sisi und Franz Joseph I.

Jagd-Leidenschaft führte sie zu dieser Zeit immer wieder nach England und Irland.

Rudolf, gerade einmal 22 Jahre alt, reiste – sicherheitshalber in Begleitung seiner damaligen Geliebten, einer hübschen Schauspielerin am Badener Theater – Anfang März 1880 nach Brüssel und entschied sich rasch. Schon am 7. März 1880 gab er seine Verlobung mit Stephanie bekannt, die zu diesem Zeitpunkt erst 15 Jahre alt war. Drakonisch von der Mutter erzogen, die an ihren Kindern ebenso wenig Interesse hatte wie an ihrem ungeliebten Ehemann, war sie ein Kind, an dem lediglich der Teint positiv auffiel. Sie hatte weder Charme noch Witz, war weder gebildet noch geübt in Konversation und alles andere als eine elegante Erscheinung. Statt eines scharfen Verstandes besaß sie jedoch ein gehöriges Maß an Arroganz und Eitelkeit – und das signalisierte ihr während der 24 Stunden Bedenkzeit, die ihr König Leopold gewährt hatte, sie werde vielleicht einmal Kaiserin sein. Was zählte dagegen schon häusliches Glück oder gar eheliche Liebe? Stephanie willigte ein.

In ihren Memoiren schilderte Stephanie später ihre erste Begegnung mit dem Kronprinzen: »… Der Kronprinz war ungefähr von gleicher Größe wie ich. Man konnte nicht sagen, daß er schön war, jedoch war er mir nicht unsympathisch. Der Ausdruck seiner kleinen hellbraunen Augen war intelligent, aber sein Blick unstet und hart; er vertrug nicht, daß man ihm in die Augen sah.«[33] Außerdem habe er um seinen breiten Mund einen seltsamen, schwer zu deutenden Zug gehabt.

Die Nachricht von der Verlobung erreichte Kaiserin Elisabeth telegrafisch in London. Gräfin Festetics soll das Telegramm kommentiert haben: »Gott sei Dank, dass es kein Unglück ist.« Und die Kaiserin soll geantwortet haben: »Wolle Gott, dass es keines ist!« Valerie hingegen war außer sich, als sie die Nachricht erhielt. Sie konnte es kaum glauben, dass »Nazi«, so nannte sie Rudolf, der Bub, von dem sie in ihrem Tagebuch schrieb, er habe noch vor wenigen Jahren selbstgeschossene Gimpel zum Gabelfrühstück gegessen und sie so oft »sekiert«, plötzlich verlobt war.

Stephanie, die kindliche Braut

Bis zur Hochzeit von Rudolf und Stephanie musste noch einige Zeit vergehen. Stephanie war noch ein Kind, es galt, ihre erste Menstruation abzuwarten. Schließlich wurde der Hof in Wien ungeduldig und man legte den Termin für Mai 1881 fest. Rudolf ging auf Forschungsreise nach Palästina und Ägypten. Stephanie behielt ihre Verlobungszeit nicht in angenehmer Erinnerung. Sie hatte ein straffes Erziehungsprogramm zu absolvieren und von ihrem Bräutigam hörte sie nicht viel. Kein Strahl der Liebe habe die Zeit ihrer Verlobung vergoldet, vermerkte sie später in ihren Erinnerungen.

Anfang Mai 1881 reiste das belgische Königspaar mit Stephanie Richtung Wien. Der jungen Braut wurden überall glanzvolle Empfänge bereitet, Musikkapellen und Chöre marschierten auf, Triumphbögen säumten den Weg und glanzvolle Feste und Feuerwerke standen auf dem Programm. Auch die Hochzeitszeremonie am 10. Mai 1881 in der Augustinerkirche verlief höchst prunkvoll. Wieder jubelte das Volk dem jungen Paar zu, wieder erging sich die Presse in höchstem Lob. Für Kaiserin Elisabeth hingegen war die Hochzeit nichts anderes als eine lästige Verpflichtung. Sie fand an ihrer jungen Schwiegertochter nichts Anziehendes. Sie sehe aus wie ein Albino, nörgelte sie, ihre kleinen, listigen Augen seien rot umrändert, angenehm sei nur ihr schöner, weißer Teint.

Die Hochzeitsnacht in Laxenburg geriet für die arme kleine Stephanie vollends zum Desaster. »Es war nebelig und trüb. Fröstelnd und völlig erschöpft, lehnte ich in den Kissen des Wagens. Allein mit einem Mann, den ich kaum kannte, überkam mich im Zwielicht des hereinbrechenden Abends ein Gefühl furchtbarer Bangigkeit. Die Stunde schien nicht enden zu wollen. Der Wagen rollte zwischen Feldern auf einsamer Straße durch eine reizlose, melancholische Gegend. Matt nur erhellten die Laternen des Wagens den Weg. Wir wußten uns nichts zu sagen, wir waren uns völlig fremd. Vergeblich wartete ich auf ein zärtliches oder liebevolles Wort, das mich aus meiner Stimmung erlöst hätte. Meine Ermüdung, vermischt mit den verworrenen Empfindungen von Furcht und Einsamkeit, steigerte sich zu einer schweren, hoffnungslosen Verzweiflung. Ungeweinte Tränen brannten in meinen müden Augen.«[34]

Überraschendes Eheglück

Auch wenn die Ehe des Kronprinzenpaares anfangs unter keinem guten Stern stand, entwickelte sie sich zur allgemeinen Überraschung in den folgenden Wochen durchaus positiv. Rudolf und Stephanie reisten nach Budapest und Prag, wurden überall begeistert aufgenommen, und das stärkte Stephanies Selbstbewusstsein. Sie begann, ihre Repräsentationspflichten ernsthaft zu erfüllen, und Rudolf war geradezu stolz auf sie. Langsam empfand er sogar Zärtlichkeit für seine Frau. Das Paar zog bald in die alte Königsburg auf dem Prager Hradschin. Dort fühlte sich Stephanie um vieles wohler als in dem trostlosen Laxenburg, und Rudolf hatte zum ersten Mal das Gefühl, ein Heim zu haben – und einen Menschen, der zu ihm gehörte. Ein halbes Jahr nach der Hochzeit schrieb er in einem Brief sogar, er sei glücklich und richtig verliebt in Stephanie. Und Stephanie vertraute ihrer Schwester Louise an, sie habe einen richtigen Mustergatten, mit dem sie sich wunderbar verstehe.

Als sich im Frühjahr 1883 Nachwuchs ankündigte, schien das Eheglück perfekt. Stephanie musste allerdings aus Prag in das ungeliebte Laxenburg zurückkehren. Die Tradition des

Aus der Ehe zwischen Rudolf und Stephanie ging nur eine Tochter hervor, Elisabeth Marie. Stephanie konnte keine weiteren Kinder bekommen. Bald fühlte sie sich als unnützes Anhängsel.

Hauses Habsburg schrieb vor, dass die Geburt eines Thronerben in der Nähe der Haupt- und Residenzstadt zu erfolgen hatte. Als das Kind dann zur Welt kam, war die Enttäuschung nicht zu übersehen. Man hatte einen männlichen Thronerben erwartet. Rudolf nahm die Tatsache, nicht Vater eines ersehnten »Waclaw«, sondern »nur« einer Tochter geworden zu sein, locker: Es mache nichts, flüsterte er der weinenden Stephanie zu, eine Tochter sei ohnehin viel herziger!

Wenige Wochen nach der Geburt seiner kleinen Tochter Elisabeth Marie, der späteren »Roten Erzherzogin«, eröffnete Kronprinz Rudolf die »Elektrische Ausstellung« in Wien mit dem Satz: »Und ein Meer von Licht erstrahle aus dieser Stadt und neuer Fortschritt gehe aus ihr hervor!« Diese Worte waren für ihn keine leere Floskel, sie entsprachen genau dem, was er dachte und fühlte. Rudolf war ein fortschrittlicher Geist, er war mit den Jahren zunehmende liberal und antiklerikal eingestellt. Die Naturwissenschaften, Forschung, neue Ideen, das alles war ihm wichtig. Das Gehabe der Hocharistokratie, alles Konservative und Frömmelnde war ihm zuwider. Mit dieser Haltung aber stand er im krassen Gegensatz zu seiner jungen Frau. Sie entwickelte sich immer mehr zu einer ebenso selbstbewussten wie spießigen Repräsentantin des Staates.

Rudolf führt ein Doppelleben

Rudolf hingegen war noch unreif, in ihm gärte es regelrecht. Im Überschwang neigte er dazu, seine liberalen Anschauungen zu übertreiben, und oft blitzte in der Haltung des jungen Mannes, dem die ganze – vor allem weibliche – Welt zu Füßen lag, regelrechte Menschenverachtung auf. Rudolf suchte den Umgang mit Journalisten, belieferte Moriz Szeps, den Herausgeber des »Wiener Tagblattes«, mit geheimen Informationen und veröffentlichte – selbstverständlich anonym – oppositionelle Artikel in seinem Blatt. Über Szeps, der familiäre Beziehungen zu Georges Clemenceau hatte, strebte er auch die Verbindung zu französischen Freimaurern und Radikalsozialisten an.

Für all das hatte Stephanie nicht das geringste Verständnis. Sich mit dem Gedankengut ihres Mannes anzufreunden, seine liberal gesinnten Gesprächspartner zu akzeptieren und ins Volk »hinunterzusteigen«, versuchte sie nur ein einziges Mal. Als fesches Bürgermädchen verkleidet, zog sie mit dem Kronprinzen, der ebenfalls inkognito unterwegs war, eine Nacht lang durch diverse »Cafés chantants« und andere Lokale in und außerhalb der Stadt. Sie war entrüstet: Die Luft wäre stickig, die Tische schmutzig, die Mädchen seien auf die Tische gesprungen und alle hätten »sentimental-ordinäre Schlager« gesungen. »Gern hätte ich mich darüber amüsiert, aber den Aufenthalt in dieser verrauchten Kneipe fand ich zu abstoßend, unwürdig und noch dazu langweilig. Ich begriff nicht, was der Kronprinz daran fand.«[35]

Stephanie ließ aber auch am Wiener Hof kein gutes Haar. An den protzigen Aufwand des belgischen Geld-Königshauses gewöhnt, wurde sie nicht müde, über die Wiener Hofburg und Laxenburg die Nase zu rümpfen. Ein Kaiser, der ein einfaches Feldbett vorzog, kaum Interesse an kostbaren Gemälden und Möbeln, keine Spur von modernem Luxus wie Badezimmer und Wasserklosetts, das alles enttäuschte die arrogante Belgierin. Dass sie sich in einer einfachen Gummiwanne waschen musste, dass das schmutzige Wasser ebenso wie die Leibstühle durch die Gänge an Passanten vorbeigetragen wurden, dass die Petroleumlampen einen unangenehmen Gestank verbreiteten und das Essen derb war, alles das empörte sie zutiefst. Dass sie mit ihrem Standesdünkel und ihrem ständigen Geraunze und Gejammere die Geduld ihres Mannes zunehmend strapazierte, entging ihrer Aufmerksamkeit.

Hellmut Andics schrieb über die einst von den Wienern hoffnungsfroh »Rose von Brabant« genannte Stephanie, der überaus überheblichen Koburgerin hätte die innere Größe gefehlt, ihr Schicksal zu tragen. Sie jammerte sowohl über die Tatenlosigkeit, zu der sie als Kronprinzessin verurteilt war, und gleichzeitig über ein Übermaß an offiziellen Verpflichtungen, zu denen das Protokoll sie verpflichtete. Vergeblich habe die ganze Monarchie nach der ersten Tochter Elisabeth auf ein weiteres Kind gewartet, einen Sohn. Doch der Thronerbe blieb aus. Stephanie verstand sich als unnützes Anhängsel, und aus den Blicken der kaiserlichen Familie hätte sie den Vorwurf herausgelesen, wofür sie eigentlich da sei, wenn sie keinen Buben zur Welt bringen könne.

Der Kronprinz begann mit der Zeit ein immer intensiveres Doppelleben zu führen. Emil Franzel in seinem Buch über den Kronprinzen-Mythos: »Auf der einen Seite ein ehrgeiziger, auf Disziplin und Autorität achtender Soldat, der bald in die höchsten militärischen Ränge aufstieg, von seinem Vater mit wichtigen diplomatischen Missionen – nach England, nach Berlin, nach Konstantinopel – betraut, ein Fürst, dessen Pläne sich hoch verstiegen, so daß er davon sprach, einst Kaiser von Byzanz werden zu wollen, auf der anderen der Zechgenosse zweideutiger Figuren, der Mitverschwörer radikaler Journalisten, der Gegner aller Berater seines Vaters – das war beinahe Schizophrenie oder mußte zu ihr führen.«[36]

Der liberale, volksnahe »Revoluzzer«, der Reformer, der politisch neue Wege gehen wollte, und die ehrgeizige, prestigesüchtige Aristokratin: Das konnte auf Dauer nicht gut gehen. Rudolf faszinierten der helle Teint und das blonde Haar seiner Frau immer weniger, er fand Stephanie zunehmend spießig, bigott und beschränkt. Das Paar begann getrennte Wege zu gehen. Rudolf stürzte sich in immer neue, flüchtige amouröse Abenteuer und trank exzessiv. Stephanie verfolgte ihn mit Eifersuchtsszenen – und lieferte schließlich selbst außereheliche Eskapaden. Das Verhalten Rudolfs erklärte sie sich damit, dass er infolge der vielen Erfahrungen, die er von jung auf mit Frauen gemacht habe, die Frau als solche gering erachte und sie nicht als ebenbürtiges Wesen ansehen könne.

Von der kaiserlichen Familie durfte Stephanie nicht auf Rückhalt oder Sympathien hoffen. Obwohl der gesamte Hof spätestens ab 1886 von den Schwierigkeiten in der Kronprinzenehe wusste, unternahm das Kaiserpaar nichts. Sisi berief sich darauf, dass sie selbst unter den Einmischungen ihrer Schwiegermutter Sophie gelitten hatte. Daran, mit Rudolf und Stephanie ein klärendes Gespräch zu führen oder gar einen Versöhnungsversuch zu starten, dachte sie nicht im Entferntesten. Sie war nach wie vor viel auf Reisen, schenkte ihre ganze Liebe nur Valerie, übte sich als Jüngerin Heines und flüchtete in die Welt Titanias.

Das Tagebuch Valeries spiegelt die Stimmung wider. Stephanie sei wieder zu lächerlich gewesen, heißt es da einmal. Sie und Rudolf sprächen, als ob sie wenigstens schon ihre silberne Hochzeit gefeiert hätten. Ein anderes Mal beschwert sie sich darüber, sie hätte Stephanies charakteristische Eigenlobreden und Großtuereien mit gläubiger Miene anhören müssen. Bemerkungen, dass ein sonst so gemütliches Familiendiner vor Weihnachten durch die Teilnahme von Rudolf und Stephanie steif und drückend, oder der Empfang Valeries und ihrer Mutter in Lainz durch Rudolf und Stephanie gar peinlich und drückend war, lassen einiges vermuten.

Hellmut Andics über die verpfuschte Ehe des Thronfolgerpaares: »Im Schatten des Doppeladlers spielte sich letztlich nichts anderes als eine Spießbürgertragödie ab; eine eifersüchtige, zänkische Ehefrau führte einen täglichen Kleinkrieg gegen einen enttäuschten Ehemann, der in den Armen irgendwelcher Geliebten Abwechslung und Vergessen suchte …«[37]

Der endgültige Bruch

Zum wirklichen Bruch in der Ehe zwischen Rudolf und Stephanie kam es im Frühjahr 1886. Rudolf erkrankte schwer. Die Ärzte sprachen von Blasenleiden, Bauchfellentzündung, Rheuma, und empfahlen einen Aufenthalt auf der in seinem Besitz stehenden Insel Lacroma nahe Ragusa. Tatsache aber war, dass sich der Kronprinz bei einem seiner vielen Ausflüge in zweifelhafte Etablissements mit einer venerischen Krankheit angesteckt hatte, vermutlich mit einer schweren Gonorrhoe, die sich in den folgenden Jahren ausbreitete, auch die Gelenke und die Augen in Mitleidenschaft zog und Rudolf in tiefe Depressionen stürzte. Auch Stephanie, die ihn auf die Insel Lacroma begleitet hatte, erkrankte. Und nicht nur das. Die Ärzte konfrontierten sie mit der niederschmetternden Diagnose, dass sie nie wieder Kinder bekommen könne.

Von nun an war die Atmosphäre zwischen den Ehepartnern, die sich einst gegenseitig liebevoll »Coco« und »Coceuse« genannte hatten, vergiftet. Die »kühle Blonde« entpuppte sich als »Vulkan, der von einer Eishaube bedeckt ist«, wie Erzherzog Leopold Ferdinand Salvator es nannte. Sie zögerte nicht, ihrem Mann in aller Öffentlichkeit Vorhaltungen zu machen, ihn mit geradezu krankhafter Eifersucht zu verfolgen und ihn wegen seines Umgangs mit Heurigensängern, Fiakern und Vorstadtdamen bloßzustellen. Schließlich vermieden es die Ehepartner, einander zu begegnen. Rudolf betäubte sich mit Alkohol, Drogen und flüchtigen Liebesaffären. Sein Gesundheitszustand verschlechterte sich zunehmend. Er schob seine ungelösten politischen Probleme vor sich her, wurde unruhiger, gereizter, hektischer. Auf Phasen überschäumender Lebenslust folgten depressive Phasen – und diese wurden immer länger und düsterer.

Rasant dem Tod entgegen

In den letzten Jahren seines Lebens legte sich Rudolf keine Zügel an. Er stürzte sich Nacht für Nacht ins Vergnügen. Oft zog er in Begleitung von Mizzi Kaspar und dem Fiaker und Heurigensänger Josef Bratfisch durch die Heurigenlokale der Wiener Vorstädte, tauchte in der Umgebung einfacher Menschen in die kraftvoll-sinnliche Atmosphäre Wienerischer

Heurigenseligkeit ein, sang Wienerlieder und trank Wein. Langsam wurde die mollige, dunkelhaarige Mizzi Kaspar, die der Kronprinz 1886 über Vermittlung der Kupplerin Wolf in deren elegantem Etablissement kennengelernt hatte, immer mehr zum Fixpunkt in seinem nervenaufreibenden Leben. Zu dem einzigen Menschen, in dessen Nähe er sich wohl fühlte.

Mizzi Kaspar war eine geborene Grazerin. Sie hatte am Theater mehrere Kinderrollen gespielt, bevor sie 1882 im Alter von 18 Jahren mit ihrer Mutter nach Wien übersiedelte. Als Berufsbezeichnung gab sie zwar immer wieder »Soubrette« oder »Tänzerin« an, umschrieb damit aber elegant ihre wahre Tätigkeit als Dame der Halbwelt. Der Kronprinz, der zu dieser Zeit schon schwer von seiner Krankheit gezeichnet war, erwies sich ihr gegenüber überaus großzügig. Schon bald kaufte er ihr auf der Wieden, in der Heumühlgasse, ein dreistöckiges Bürgerhaus, schenkte ihr kostbaren Schmuck und hohe Geldbeträge. Er nahm sie sogar auf militärische Inspektionsreisen mit und brachte in ihrem Haus auf der Wieden so manche Nacht zu. Sofern er genug Champagner getrunken hatte, schaffte er es auch, mit seiner Geliebten intim zu werden.

Auch zu Mizzi Kaspar sprach Rudolf oft von seinem nahen Tod. Aus dem Polizeiakt, der über den Thronfolger angelegt worden war und der mit den Jahren voluminöse Ausmaße annahm, geht hervor, dass er ihr im Sommer 1888 sogar vorschlug, gemeinsam mit ihm beim Husarentempel in der Nähe von Mödling in den Tod zu gehen. Mizzi, kerngesund und lebenslustig, lehnte entschieden ab. Dem Polizeipräsidenten Krauß aber berichtete sie von dieser Äußerung Rudolfs. Und dieser verschärfte die Beschattung des Kronprinzen.

Der Kaiser wusste über alles Bescheid. Die Polizeispitzel und Spione, die Rudolf auf Schritt und Tritt verfolgten, berichteten ihm von jedem Glas Cognac, das er zu viel getrunken hatte, von seinem Umgang mit liberalen Journalisten und »ungarischen Freunderln«, und von seiner Geliebten Mizzi Kaspar. Die Informationen, die er erhielt und die mit Sicherheit oft aufgebauscht und übertrieben waren, bis sie bei ihm ankamen, berührten ihn ebenso peinlich wie das ewige Gejammer Stephanies. Überraschenderweise war sie die Einzige, die sich den Kopf darüber zerbrach, wie Rudolf geholfen werden könnte. Kurz vor Weihnachten 1888 platzte sie unangemeldet beim Kaiser herein und schlug ihm vor, seinen Sohn auf eine längere Weltreise zu schicken. Das würde ihn seinem aufreibenden Leben entziehen. Der Kaiser winkte gelangweilt und müde ab. Das Thema Rudolf war ihm nur noch lästig. Dazu, mit ihm ein Gespräch zu führen, ihm als Vater und als Kaiser Hilfe und Unterstützung anzubieten, konnte er sich nicht durchringen. Was für ihn zählte, war, dass die Konvention und die Sitte in der Ehe gewahrt blieben. Eine Scheidung kam nicht in Frage.

In dieser Zeit hätte Rudolf auch die liebevolle Unterstützung seiner Mutter gebraucht. Fast scheint es, als hätte der schwer kranke Kronprinz kurz vor seinem Tod um ihre Liebe sogar gekämpft. Um Sisi in der für sie schmerzlichen Debatte um die Errichtung eines Düsseldorfer Heine-Denkmals eine Freude zu bereiten, hatte er 1888 in Paris elf sündteure Autografe Heines erstanden und sie ihr unter den Weihnachtsbaum gelegt. Sisi aber hatte Wichtigeres zu tun. Sie war mit der Verlobung ihrer Lieblingstochter Valerie beschäftigt, Rudolfs Geschenk fand nicht die erhoffte Würdigung. Dass Rudolfs Gesundheitszustand überaus besorgniserregend war, fiel ihr nicht auf. Seinen für jeden Außenstehenden deutlich sichtbaren körperlichen Verfall übersah sie ebenso wie seinen elenden Seelenzustand, seine offenkundigen Depressionen und seine Gereiztheit.

Für Rudolf hatte sich die Spirale, die ihn unaufhaltsam an den Abgrund heranbrachte, in der zweiten Hälfte des Jahres 1888 immer schneller gedreht. Alkoholexzesse, lautstarke Eifersuchtsszenen mit Stephanie und flüchtige Amouren mit »süßen Mädeln« aus der Vorstadt und mit Damen aus der Demimonde gingen nahtlos ineinander über. Die Damen der Gesellschaft, insbesondere des Hochadels, reizten ihn kaum.

Die früh erblühte Mary Vetsera

Mary Vetsera war die Ausnahme. Sie war gerade einmal 17 Jahre alt, als sie im April 1888 bei einem Pferderennen in der Freudenau zum ersten Mal mit dem Kronprinzen zusammentraf. Darüber, ob die früh erblühte Mary eine Schönheit im klassischen Sinne war, schieden sich die Geister. Einigkeit herrschte aber in dem Punkt, dass sie mit ihrer zu orientalischer Üppigkeit neigenden Gestalt, mit ihrem süßen Stupsnäschen, ihren zuckenden Lippen über den kleinen Mausezähnen und ihren tiefblauen, von unendlich langen Wimpern umgebenen Augen einen Hauch heißer Sinnlichkeit verströmte. Sie war kokett und charmant, romantisch und anmutig, gab sich gelegentlich exaltiert und verstand es, sich in Szene zu setzen. Sie galt als Fixstern am Wiener Gesellschaftshimmel, Zeitungen kommentierten ihre Toiletten und erwähnten ihren Namen auf den Titelseiten. Als sie begann, für den Kronprinzen zu schwärmen, hatte sie bereits Männerbekanntschaften hinter sich.

Bei der Jungmädchenschwärmerei aber blieb es nicht. Wie einst ihre Mutter, setzte sich auch Mary den Kaisersohn in das hübsche Köpfchen. Bald konzentrierte sich ihr ganzes Denken nur noch auf ihn. Sie verschlang gierig jede Notiz, die sie in den Zeitungen über ihn finden konnte, suchte über einen Verehrer, Miguel de Braganza, Genaueres über seine Gewohnheiten und Lebensumstände zu erfahren, und war selig, wenn sie dem Kronprinzen im Prater oder in der Freudenau begegnete und er ihren Gruß erwiderte. Der Mutter wurde die Besessenheit der Tochter langsam zu viel. Um sie auf andere Gedanken zu bringen, nahm sie Mary mit auf eine Reise nach England, dann zur Kur nach Bad Homburg und schließlich zur Sommerfrische nach Reichenau.

Die Ablenkungsmanöver verfehlten ihr Ziel. Im Herbst nach Wien zurückgekehrt, eröffnete Mary ihrer Kammerzofe, sie habe den Kronprinzen nicht vergessen, sie liebe ihn mehr und inniger denn je. Und in einem Brief schrieb sie sogar, sie könne nicht leben, ohne ihn gesehen und gesprochen zu haben. Im Oktober schließlich ertrug sie es nicht länger, ihren Angebeteten immer nur aus weiter Entfernung bewundern zu können, wie bei der feierlichen Eröffnung des neuen Hofburgtheaters. Bei dieser Gelegenheit hatte sie, eine auffallende Schönheit im Tüllkleid, ein funkelndes Diadem im dichten schwarzen Haar, mit ihrem Opernglas von ihrer Parterreloge aus immer wieder zur Kaiserloge hinaufgeschaut. Dort saß Rudolf still und ruhig neben Stephanie, während dem kaiserlichen Bauherrn begeisterte Ovationen entgegengebracht wurden. Ob sie davon träumte, einmal die Frau an seiner Seite zu sein?

Einige Tage später nahm Mary Vetsera jedenfalls all ihren Mut zusammen. Sie bat Rudolf schriftlich um ein persönliches Gespräch. Auf die Antwort musste sie nicht lange warten. Rudolf teilte ihr bald handschriftlich mit, auch er trage das lebhafte Verlangen in sich, mit ihr zu sprechen, und bat sie, seinem Diener Loschek Nachricht zu geben, wann sie einander im Prater treffen könnten. Das Schicksal nahm seinen Lauf. Und es fand kräftige Unterstützung in der intriganten Gräfin Marie Larisch, der Nichte Sisi's. Sie war eine Zeit lang selbst heftig an Rudolf interessiert gewesen und nützte jetzt genüsslich die Gelegenheit, Rudolf zu einer Affäre zu verhelfen und Stephanie damit eins auszuwischen.

So billig die Affäre auch war, so viel hatte sie von der Romantik eines Groschenromans. Da war die intrigante Gräfin Larisch als »Kupplerin«, da war der Leibkutscher Bratfisch, der die Baronesse im »Unnummerierten« abholte, da war die kleine Seitentür am Josefsplatz, durch die sie in die Hofburg huschte, und da war der Kammerdiener Loschek, der sie auf Umwegen über den Dachboden in die Junggesellenwohnung Rudolfs schleuste. Und da war schließlich der Kronprinz selbst, elegant und verführerisch, sensibel und übernervös, abgründig und morbid. Ein faszinierender Liebhaber, der es verstand, in seiner Geliebten Todessehnsüchte zu wecken, und

Die sinnliche, erst 17-jährige Mary Vetsera traf Rudolf erstmals 1888 bei einem Pferderennen. Die Liebe zum Kronprinzen sollte für die junge Adelige tragische Folgen haben.

der ihr ein eisernes Ringlein schenkte, an dessen Innenseite die Buchstaben »I.L.V.B.I.D.T.« eingraviert waren – was Mary als »In Liebe vereint bis in den Tod« deutete. Ein Liebhaber aber auch, dem die allzu heftige Liebe der kleinen Mary rasch zu viel wurde. In der kurzen Zeit der Affäre telegraphierte er immer öfter ab, verschob die Rendezvous. Und dachte bald nur noch an eines: Dass er zwar sterben wollte, dazu aber Gesellschaft wünschte.

Fast ein Skandal

Mary Vetsera liebte Rudolf wirklich, und sie war sich auch der Liebe Rudolfs sicher. Überhaupt, als sie erfuhr, dass er sich mit Gedanken an Scheidung trug. Gut möglich, dass die Baronesse – fälschlich – annahm, das habe mit ihr zu tun. Ihr Verhalten jedenfalls lässt darauf schließen. Eines Abends produzierte sie sich, auffallend herausgeputzt und über und über mit Schmuck behängt, so provokant vor der Hofloge, in der Stephanie mit ihrer Schwester Louise saß, dass bereits ein Eklat befürchtet wurde. Stephanie aber, die über diese Affäre ihres Mannes ebenso wie über alle anderen informiert war, ignorierte sie einfach.

Mary ließ dennoch nicht locker. Am 27. Januar 1889, beim Empfang in der deutschen Botschaft, unternahm sie einen noch dreisteren Versuch, Stephanie zu provozieren. Die Kronprinzessin schritt die Reihen der Damen ab, um ihren Hofknicks abzunehmen. Alle versanken so tief sie nur konnten, Mary aber blieb aufrecht stehen und starrte Stephanie frech ins Gesicht – bis sie ihre Mutter förmlich im letzten Moment zu Boden riss. Damit war zwar ein riesiger Skandal verhindert, der Gesellschaftsklatsch aber blühte.

Die Wahrscheinlichkeit, dass Rudolf diesen Eklat mitbekommen hat, ist hoch. Und doch: An diesem Abend war er vermutlich das, was ihn am wenigsten irritierte. Der Anlass für den Empfang war der 30. Geburtstag von Wilhelm II. Dieser war zwar knapp ein halbes Jahr jünger als er, aber er war bereits Kaiser und konnte über sein Land bestimmen. Rudolf hingegen stand in der Warteschlange. Kaiser Franz Joseph erfreute sich mit seinen 59 Jahren bester Gesundheit und er wich keinen Zoll von dem starren Konservatismus in seinem Vielvölkerstaat ab.

Der Thronfolger aber sah voraus, wie langsam, aber unaufhörlich eine Katastrophe ungeahnten Ausmaßes heraufdämmerte, der Zerfall der Donaumonarchie. Die Tatsache, dass er tatenlos zusehen musste, lastete tonnenschwer auf seiner Brust, nahm ihm regelrecht den Atem.

Tatsächlich waren die letzten Januartage des Jahres 1889 politisch hoch brisant. In Ungarn gärte es gefährlich. In Budapest wehten bereits Revolutionsfahnen, zum offenen Aufstand gegen das kaiserliche Konzept fehlte nicht viel. Und in Frankreich war gewählt worden, ein Staatsstreich lag in der Luft, der den Demagogen und Preußenhasser Boulanger an die Macht bringen würde. Ein neuer deutsch-französischer Krieg drohte. Rudolf sah die Folgen glasklar vor sich: Das mit Deutschland verbündete Österreich würde in den Krieg hineingezogen. Ein Krieg mit Russland wäre die unausweichliche Folge. Österreich hätte einen kaum zu gewinnenden Zweifrontenkrieg zu führen, und dieser würde Ungarn Gelegenheit dazu geben, die Doppelmonarchie zu sprengen. Zukunftsvisionen von apokalyptischen Ausmaßen.

Verschwörung oder Kapitulation?

Sah Rudolf den Ereignissen wirklich so tatenlos zu? Oder zog er gemeinsam mit Johann Salvator die Fäden für ein Verschwörungskomplott? Der Kaiser sorgte mit der ihm eigenen Pedanterie des Bürokraten dafür, dass nach der Tragödie von Mayerling sämtliches Aktenmaterial über Rudolf vernichtet wurde. Bruchstückhafte Indizien lassen die Pläne der Verschwörer dennoch vermuten: Staatsstreich für den Fall des Ausbruchs von offenem Widerstand in Ungarn, Entmachtung des Kaisers, Krönung Rudolfs zum König von Ungarn, Bestellung Johann Salvators zum Statthalter der österreichischen Staatshälfte und Ausdehnung der Schutzherrschaft über die Balkanstaaten bis Konstantinopel.

Tatsache ist, dass sich Rudolf vom Empfang in der deutschen Botschaft schnurstracks zu Moriz Szeps begab, dem

Chef des »Wiener Tagblatts«. Mit ihm führte er ein langes Gespräch über die letzten Ereignisse in Paris und Budapest. Danach fuhr er zu Mizzi Kaspar. Dass sein Entschluss, in allernächster Zukunft aus dem Leben zu scheiden, feststand, lassen die Beobachtungen der Polizeispitzel vermuten, die das Haus überwachten. Sie sahen, wie sich der Kronprinz um drei Uhr früh besonders liebevoll von seiner Geliebten verabschiedete. Anders als sonst, machte er ihr das Zeichen des Kreuzes auf die Stirn.

Am nächsten Vormittag kam es zu einem Gespräch zwischen dem Kaiser und seinem Sohn. Ob es dabei um die Ereignisse in Budapest ging oder doch um das Papstgesuch Rudolfs um Auflösung seiner Ehe, ist nicht bekannt. Es war ein sehr emotionales, lautstark geführtes Gespräch. Ganz dazu angetan, die tonnenschwere Last, die dem Kronprinzen die Luft zum Atmen nahm, noch um einiges schwerer zu machen. Der Kronprinz verwendete den Rest des Vormittags jedenfalls dazu, seine Abschiedsbriefe zu schreiben. Dann begab er sich nach Mayerling. Zu dem Jagdausflug, den er auf den 29. und 30. Januar vorverlegt und zu dem er zwei Gäste eingeladen hatte, seinen Schwager Philipp Coburg und seinen Freund Graf Hoyos. Und für den er als Begleitung nicht seine Frau, sondern Mary Vetsera wünschte.

Schicksalsort Mayerling

Um Mary Vetsera von zu Hause wegzulotsen, hatte sich, wieder einmal, Marie Larisch erbötig gemacht. Sie holte die Baronesse am Vormittag des 28. Januar unter dem Vorwand, mit ihr einen Einkaufsbummel am Kohlmarkt unternehmen zu wollen, in ihrem Fiaker aus der Salesianergasse ab. Über die weiteren Vorgänge gibt es verschiedene Versionen. Einer zufolge fuhr sie mit ihr tatsächlich zum Kohlmarkt, betrat dort ein Geschäft, und als sie zurückkam, war Mary in einen anderen Fiaker umgestiegen und verschwunden.

Einer anderen zufolge fuhr sie mit ihr zur Hofburg, die beiden Damen wurden von Dienern in die Appartements des Kronprinzen geleitet, dieser bat, Mary allein sprechen zu dürfen, und erklärte Gräfin Larisch eine Viertelstunde später, Mary sei nicht mehr da. Während Mary mit Bratfisch bereits Richtung Mayerling unterwegs war, fühlte sich die Larisch hintergangen, es kam zu einer Auseinandersetzung mit Rudolf.

Wie auch immer es sich zugetragen haben mag, die Larisch eilte zu Polizeipräsident Baron Krauss und erstattete die Abgängigkeitsanzeige. Sie habe im Fiaker einen Zettel gefunden, auf dem Mary Selbstmordabsichten äußerte. Sie vermute einen Zusammenhang mit dem Kronprinzen.

Der Polizeipräsident nahm die Anzeige entgegen. Mehr konnte er nicht tun. Von der Absicht des Kronprinzen, nach Mayerling zu fahren, wusste er. Für die nächsten Tage wollte er das Polizeiaufgebot um das Jagdschloss verstärken. Weniger wegen Mary Vetsera allerdings, sondern vielmehr, weil sich die Lage in Budapest gefährlich zuspitzte und man über Rudolfs Kontakte zu Ungarn informiert war.

Auch darüber, wann genau, wie und mit wem Rudolf und Mary Vetsera in Mayerling eintrafen, gibt es unterschiedlichste Versionen. Philipp Coburg und Graf Hoyos jedenfalls fanden den Kronprinzen am Morgen des 29. Januar beim Frühstück vor, als sie im Jagdschloss ankamen. Von der Anwesenheit Mary Vetseras bemerkten sie nichts. Während die Geheimpolizisten das Jagdschloss an diesem kalten und finsteren Januartag umstellt hielten und in Wien sowohl Marys Mutter als auch ihre Brüder dem Polizeipräsidenten die Hölle heiß machten, erreichten den Kronprinzen drei Telegramme aus Ungarn. Ihr Inhalt ist ebenso wenig bekannt wie alles andere, das sich hinter den dicken Mauern des Schlösschens abspielte. Sicher ist nur, dass Rudolf auf die Telegramme nicht reagierte. Und dass er mit seinen beiden Jagdgästen weder auf die Jagd ging, noch später nach Wien zurückkehrte, um an einem Familiendiner teilzunehmen. Er schickte Stephanie ein Telegramm mit der Bitte, ihn beim Kaiser zu entschuldigen, er sei erkältet. Das Abendessen nahm er mit Hoyos ein, dieser sagte später, er sei ihm milde in seinen Urteilen erschienen, er habe den ganzen Zauber seines Wesens auf ihn wirken lassen.

Fest steht jedenfalls, dass am 29. Januar auch Rudolfs Leibfiaker Bratfisch in Mayerling anwesend war. Ob er ein letztes Mal für Rudolf gesungen hat? Es bleibt Geheimnis, wie vieles um die Ereignisse in Mayerling. Mary dürfte den letzten Tag ihres Lebens im Schlafzimmer des Kronprinzen verbracht haben. Dort schrieb sie auch mehrere Abschiedsbriefe. Ihre Mutter bat sie ihr zu verzeihen, was sie getan habe, sie hätte der Liebe nicht widerstehen können und sei glücklicher im Tod als im Leben. Im Nachsatz erwähnte sie, Bratfisch habe am Vorabend wundervoll gepfiffen …

Spät am Abend schloss sich das Paar in das Schlafzimmer ein. Was dann geschah, wie sie die letzten Stunden ihres Lebens verbrachten, was sie sich zuflüsterten, welche Ängste sie teilten – das alles wird sich nie mehr ergründen lassen. Vieles spricht dafür, dass Rudolf noch in der Nacht seine Dienstwaffe, einen Revolver, an der Schläfe Marys abgedrückt hat. Danach richtete er die nur mit einem dünnen Hemd bekleidete Leiche auf dem Bett zurecht und legte eine rote Rose in ihre Hände.

Damit, die Waffe gegen sich selbst zu richten, ließ er sich aller Wahrscheinlichkeit nach Zeit. Er rang dem Leben Stunde um Stunde ab, trank ein Glas um das andere. Um halb sieben Uhr morgens ging er an diesem schicksalsschweren 30. Januar 1889 völlig angekleidet zu Leibdiener Loschek hinüber, teilte ihm mit, dass er noch eine Stunde schlafen wolle, trug ihm auf, um halb acht das Frühstück zu servieren und einen Wagen für eine Fuhre nach Wien zu bestellen. Dann kehrte er pfeifend ins Schlafzimmer zurück.

Als Loschek wie befohlen um halb acht Uhr an die Tür klopfte, wurde nicht geöffnet. Loschek holte Graf Hoyos, der in einer nahegelegenen Meierei übernachtet hatte. Als dieser vorschlug, die Tür aufzubrechen, zog ihn Loschek verlegen zur Seite. Seine Kaiserliche Hoheit sei nicht allein. Er habe eine junge Dame bei sich, eine gewisse Baronesse Vetsera. Loschek holte schließlich ein Beil und schlug die Tür ein. Hoyos scheute sich, das Schlafzimmer des Kronprinzen zu betreten. So war es Loschek, der die beiden Toten als Erster sah. Mary Vetsera lag ausgestreckt da, Rudolf saß an der Bettkante, er blutete aus dem Mund. Loscheks erste Annahme war, sie hätten sich mit Strychnin vergiftet. Erst später stellte sich heraus, dass sich Rudolf mithilfe eines Spiegels selbst einen Kopfschuss versetzt hatte.

Schock in Wien

Die Nachricht vom Tod des Kronprinzen schlug in Wien ein wie eine Bombe. Weil nicht sein konnte, was nicht sein durfte, wurde das Thema Freitod zum allerhöchsten Tabu. Sofort setzten Vertuschungsversuche ein. Mary Vetsera wurde in aller Heimlichkeit bei Nacht und Nebel in Heiligenkreuz beerdigt. Die Leiche des Kronprinzen wurde im Pferdewagen nach Baden, von dort per Bahn nach Wien und dann bei dunkler Nacht und im Fackelschein in die Hofburg gebracht und mit weißem Kopfverband in der Burgkapelle aufgebahrt. Die Ärzte konstatierten schließlich bei Rudolf eine Geistesverwirrung, so konnte er in der Kapuzinergruft beigesetzt werden.

Kaiserin Elisabeth erfuhr die Schreckensnachricht vom Tod ihres Sohnes während ihrer Griechisch-Lektion, sie las gerade Homer. Für ihre Umgebung war klar: Nur sie konnte es dem Kaiser sagen. Sisi erwies sich in dieser Situation er-

In der Nacht zum 30. Januar 1889 kam es in Mayerling zu der bis heute nicht restlos geklärten Tragödie. Mary Vetsera wurde bei Nacht und Nebel beerdigt, die Leiche des Kronprinzen wurde vom Jagdschloss Mayerling über Baden in die Wiener Hofburg gebracht und dort aufgebahrt.

staunlich gefasst. Sie stand ihrem Mann auch in den nächsten, überaus schmerzlichen Tagen als wahrhafte Stütze zur Seite. Von dem Schock erholte sie sich allerdings nie mehr. Sie trug fortan nur noch Schwarz.

Über den Grund für Rudolfs frühen Tod wurde viel gerätselt, er wurde geradezu zum Mythos. War es seine Krankheit, geistige Verwirrung, der unlösbare Vater-Sohn-Konflikt, geplatzte Geheimpläne in seiner Ungarn-Politik oder womöglich doch eine Schwangerschaft Mary Vetseras? Die Zeitungen jedenfalls berührten keines dieser Themen und übertrafen einander in schwülstiger Schönfärberei. Im »Wiener Sonn- und Montagsblatt« stand unter dem Titel »An Kronprinz Rudolf's

»Die kaiserliche Familie bei dem todten Kronprinzen«, Bild aus dem »Wiener Tagblatt« vom 3. Februar 1889.

Bahre« zu lesen: »Da liegst Du nun, gebettet im Sarge zum ewigen Todesschlafe, vereint mit Deinen erlauchten Ahnen und Vorfahren, die Dir als leuchtendes Vorbild dienten in Deinem leider nur zu kurzen Erdenwallen. Uns aber ließest Du zurück, aufgelöst in Schmerz und Wehmuth ... so ist es ferner die Erinnerung an Deine holdselige, in vollster Jugendblüthe erstrahlende Gattin, die Gefährtin Deines Lebens, welche Du Dir nach freier Herzenswahl erkoren; die Erinnerung an Dein einziges liebliches Kind, an Deine Geschwister, die Du alle mit der ganzen Gluth eines großen Herzens liebtest ...«[38]

Für die »holdselige Gattin«, die von ihrer Schwiegermutter Elisabeth gerne als das »hässliche Trampeltier« bezeichnet wurde, brachen nach Rudolfs Tod schwere Zeiten an. In der Hofburg schlug ihr frostige Ablehnung entgegen – man rechnete ihr eine Mitschuld am frühen Tod des Kronprinzen zu. Schließlich fand sie doch noch ihr Lebensglück. Sie heiratete im März 1900 auf Schloss Miramare den aus einer alten ungarischen Familie stammenden, vom Kaiser 1896 in den Grafenstand erhobenen Elemér Lónyay.

Rudolfs Tochter

ELISABETH MARIE VON ÖSTERREICH (1883–1963) war die einzige Tochter von Kronprinz Rudolf. Bei ihr zeigten sich früh zahlreiche Charaktereigenschaften ihres Vaters. Sie war eigenwillig, leicht entflammbar, aufbegehrend und zügellos. Gut möglich, dass dies der Grund für das besondere Naheverhältnis Rudolfs zu seiner Tochter war. Tatsächlich bedachte er sie in seinem Testament weitaus großzügiger als seine Frau. Er machte sie ausdrücklich zur Universalerbin seines beträchtlichen Vermögens. Die Vormundschaft über seine Tochter legte der liberal denkende Kronprinz in die Hände des Kaisers – ein Schachzug, mit dem er möglicherweise verhindern wollte, dass die streng katholische Stephanie das Kind in ein Kloster steckte oder mit ihm in ihre Heimat Belgien zurückkehrte.

»Erzsi« wurde rasch zur Lieblingsenkelin von Kaiser Franz Joseph. Der bereits über 60-jährige Monarch liebte das hübsche Kind über alles. Dem süßen kleinen Mädchen erlaubte er sogar, ihm den Bart zu zerzausen und mit seinen Orden zu spielen. Als sie schon etwas größer war, unternahm er mit ihr Ausflüge in den Tiergarten Schönbrunn, dort fütterten sie gemeinsam Bären und Gämsen mit Brot. Und als er bemerkte, dass sie Tiere gern hatte, richtete er für sie in Schönbrunn sogar eine eigene kleine Menagerie ein, mit Hunden, Katzen, Hühnern, Hasen und sogar einer Kuh.

Rudolfs Tochter Elisabeth Marie ging in die Geschichte als »Rote Erzherzogin« ein, da sie nach ihrer Scheidung von Otto Windisch-Graetz den Sozialdemokraten Leopold Petznek heiratete und selbst zu einer begeisterten Sozialdemokratin wurde.

Der greise Kaiser konnte auch später seiner blonden, groß gewachsenen Enkelin keinen Wunsch ausschlagen. Als es sich die Schönheit in den Kopf setzte, Prinz Otto zu Windisch-Graetz zu heiraten, einen jungen, schneidigen Offizier, den sie auf ihrem ersten Hofball kennengelernt hatte, erteilte er, ungern, aber doch, seine Zustimmung. Er erhob den Bräutigam zwar noch schnell in den Fürstenstand, »standesgemäß« aber wurde er dennoch nicht, schließlich stammte er aus keinem regierenden Haus. Die Trauung erfolgte am 23. Januar 1902 in der Josephinischen Kapelle in der Hofburg. Das Paar lebte vorerst in Prag. Als sich im Herbst 1902 das erste Kind ankündigte, reiste das junge Paar an die Riviera. Im Februar 1903 erkrankte Elisabeth schwer, musste operiert werden und erlitt eine Fehlgeburt. Am Tag vor der Operation verlangte ihr Mann, dass sie ein Testament machen und ihm ihren gesamten Besitz vererben sollte. Da fiel es ihr wie Schuppen von den Augen: Er hatte es auf ihr Vermögen abgesehen!

Der Ehe entsprangen vier Kinder, auf den 1904 geborenen Franz Josef folgte 1905 Ernst Weriand, 1907 kam Rudolf zur Welt und 1909 Stephanie, »Feeli«. Nach der Geburt der Kinder begannen für Elisabeth Jahre der Unruhe und der Sorgen. Immer wieder schwer krank, reiste sie ähnlich wie ihre Großmutter Sisi rastlos durch die Welt und hielt sich mit ihrer immer ein wenig kränkelnden Kinderschar einmal in Abbazia, dann wieder in Schönbrunn, Berchtesgaden, Miramare und Schloss Schönau an der Triesting auf. Mit ihrem Mann, Otto Windisch-Graetz, hatte sie sich längst auseinandergelebt. Bei Windisch-Graetz hatten sich Charakterzüge wie geistiges Desinteresse, Eitelkeit, Spielsucht und Geldgier gefestigt.

Elisabeth hingegen hatte sich zu einer eigenwilligen, selbstbewussten Frau entwickelt, die mit den Jahren herrisch geworden war und ausschließlich das machte, was ihr beliebte. Dazu zählte unter anderem, dass sich die liebeshungrige Fürstin in Brioni, Miramare und Abbazia jede Menge junger Offiziere anlachte. Es blieb bei flüchtigen Abenteuern, die in Wien genussvoll hinter vorgehaltener Hand kolportiert wurden. Mit einer Ausnahme. Den jungen, feschen U-Boot-Kapitän Egon Lerch liebte Elisabeth wirklich tief und innig. Das Schicksal machte der Beziehung jedoch ein jähes Ende: Am 12. August 1915 wurde Lerchs U-Boot in der Adria versenkt, er starb den »Heldentod«.

Die Ehe mit Otto Windisch-Graetz entwickelte sich zu einem regelrechten Rosenkrieg. Beide Partner scheuten nicht davor zurück, in aller Öffentlichkeit ihre »Schmutzwäsche« zu waschen, Windisch-Graetz stellte horrende Geldforderungen, und nicht zuletzt entbrannte ein erbitterter Kampf um die vier Kinder. Die Ehe wurde schließlich 1924 geschieden.

In der Zeit, in der ihr Mann versucht hatte, ihr die Kinder

gewaltsam zu entreißen und in der sie durch das Scheidungsverfahren in ärgster Bedrängnis war, stand Elisabeth ein Mann zur Seite, der aus einer geradezu entgegengesetzten Welt zu kommen schien: der aus ärmsten Verhältnissen stammende Lehrer und engagierte Sozialdemokrat Leopold Petznek. Sie, eine Frau von ganz oben, und er, ein Mann von ganz unten: Dieses Paar wurde zum wahr gewordenen Märchen von der Überwindung sozialer Barrieren.

Die Erzherzogin erwies sich bald als würdige Tochter ihres Vaters, des liberal und sozial eingestellten Kronprinzen Rudolf, den die Privilegien des Adels immer empört hatten. Sie wurde zu einer begeisterten und überzeugten Sozialdemokratin. An ihrem fürstlichen Lebensstil hielt »Genossin Windisch-Graetz« allerdings auch noch als offizielles Parteimitglied fest. Die »Rote Erzherzogin« lebte mit Leopold Petznek, mit dem sie 1948 im Standesamt Hadersdorf-Weidlingau in einer bescheidenen Zeremonie den Bund der Ehe schloss, in einem kleinen Palais in der Wiener Linzer Straße. Sie soll die erste und einzige gewesen sein, die jemals zum Mai-Aufmarsch im Rolls-Royce vorfuhr.

Marie Valerie – das „ungarische Kind"

(22. APRIL 1868, OFEN – 6. SEPTEMBER 1924, WALLSEE)

✻

Ungarn spielte im Leben von Kaiserin Elisabeth eine große Rolle. Was ursprünglich aus einer trotzigen Protesthaltung gegen die Schwiegermutter Sophie begann, die nie ein Hehl daraus machte, dass sie die im Jahr 1848 so »aufrührerischen« Magyaren hasste, entwickelte sich bei Sisi im Laufe der Jahre zu einer echten Herzensangelegenheit. Die Krönung ihrer Liebesgeschichte zu einem Land war die Geburt ihres vierten Kindes, Marie Valerie, in Ofen. Und die besonders enge und innige Beziehung zu diesem »ungarischen Kind«, für das sie erstmals richtige Mutterliebe empfand.

Von »Magyaren« war Sisi schon seit ihrer frühen Jugend an umgeben. Als Erstes hatte sie der charismatische Historiker János Mailáth mit der ungarischen Geschichte vertraut gemacht. Auf Madeira brachte ihr dann der leidenschaftlich in sie verliebte Imre Hunyády die ersten Worte Ungarisch bei. Und später faszinierte sie der aus einer alten Magnatenfamilie stammende, blendend aussehende Gyula Andrássy. Sie hatte ungarische Hofdamen, allen voran Lily Hunyády, und Ida Ferenczy wurde ab 1864 für 34 Jahre lang, bis zu Sisi's Tod, zu ihrer engsten Vertrauten, ja sogar Freundin. Ida Ferenczy durfte dem Titel nach vorerst allerdings nur als »Vorleserin« fungieren, denn sie entstammte nicht dem Hochadel und erfüllte daher nicht die für Hofdamen vorgeschriebenen Voraussetzungen. Vorgelesen hat sie der Kaiserin vermutlich nie, bestimmt hat sie ihr aber von ihrem innig geliebten Heimatland erzählt, auf Madeira zuerst, und dann auf Korfu. Und sie stellte auch das Bindeglied zu den liberalen ungarischen Politikern dar, zu Andrássy und Deák.

Obwohl sich ihre Umgebung immer einig darüber war, dass sie völlig sprachunbegabt sei, ging Sisi mit heißem Eifer daran, Ungarisch zu lernen, und das nicht ohne Erfolg. Für Ungarn waren die Sympathien der Kaiserin ein wahrer Glücksfall. So gut wie der gesamte ungarische Adel hatte sich 1848 an der Revolution beteiligt. Die Folge war, dass das Land nach der Revolution seine alten Sonderrechte, die Verfassung inklusive, verlor und es in Ungarn regelrechte »gärte«. Dass die Ungarn immer wieder darauf drängten, Kaiser Franz Joseph zum König zu krönen, hatte nicht zuletzt damit zu tun, dass sie damit die Wiedererlangung ihrer Verfassung verbanden. Das aber war ein rotes Tuch für das Kaiserhaus und ein Grund, immer wieder abzulehnen. Erst als sich die Ereignisse in Italien dramatisch zuspitzten, Piemont und Venetien verloren gingen und zu befürchten war, dass Ungarn in der Auseinandersetzung mit Preußen zu einer echten Gefahr werden könnte, entschloss sich der Kaiser zu einem Kurswechsel. Er begann, Ungarn langsam und vorsichtig entgegenzugehen. Das Ergebnis war der sorgsam von Gyula Andrássy und Ferenc Deák geplante und von Kaiserin Elisabeth unterstützte »Ausgleich« von 1867, der die Gleichstellung von Österreich und Ungarn brachte.

Ein Schloss für die Königin

Im Jahr 1866 hatte Sisi auf einem ihrer Ausritte mit Andrássy Gödöllő kennengelernt und sich auf Anhieb in das romantische Schloss verliebt. Es zu kaufen, lehnte der Kaiser jedoch ab, die finanzielle Lage Österreichs war wegen des Krieges mit Preußen angespannt, an hohe Ausgaben war nicht zu denken. Umso größer war die Freude, als Ungarn das Schloss dem Kaiserpaar aus Anlass der Königskrönung am 8. Juni 1867 schenkte. Nun wurde rasch renoviert und umgebaut, der Park neu gestaltet. Die neu geplante Bahnlinie wurde eigens an das Schloss herangeführt, ein eigener, eleganter Wartesalon entstand. Innerhalb kürzester Zeit präsentierten sich das weitläufige Schloss und der Park in neuem Glanz. Wegen seiner idyllischen, ruhigen Lage und seiner hervorragenden Möglichkeiten zum Reiten wurde es bald zu Sisi's Lieblingsschloss. Hier konnte sie, abseits von den Zwängen des Wiener Hofs, weit weg von Protokoll und Hofzeremoniell, Gehässigkeiten und Klatsch, ein freies, relativ ungezwungenes Leben führen. Die unendlich langen, sandigen Reitwege luden sie förmlich zum Galoppieren ein und die ganze Umgebung schien wie geschaffen für Reitjagden, die der Kaiserin nie tollkühn genug sein konnten. Auch der Kaiser fühlte sich in Gödöllő wohl, er bezeichnete es als »Asyl«, in das er sich zurückziehen konnte, wenn ihn die Wiener »gar zu viel ärgerten«.

In Ungarn erlebte das Kaiserpaar im Frühsommer 1867 auch privat eine glückliche Zeit. In einem Brief an Rudolf, der mit Gisela in Wien zurückgeblieben war, schrieb Sisi, sie könne nicht glücklicher sein. Sie erwähnte wörtlich »unser Zimmer«, beschrieb, dass es nach Flieder und Akazien duftete, und das lässt darauf schließen, dass auch die eheliche Gemeinschaft mit Franz Joseph einen neuen Frühling erlebte. Tatsache ist, dass Sisi wenig später abermals guter Hoffnung war. Franz Joseph war überglücklich. Im November teilte er seiner Mutter mit, Sisi gehe es bestens, sie glaube, das Kind schon zu fühlen, und er verbringe die Abende in Schönbrunn mit ihr und den Kindern in glücklichstem Familienleben.

Das traute Familienglück hielt allerdings nicht lange an. Im Winter erklärte Sisi, sie wolle dieses Kind in Ungarn zur Welt bringen. Nicht genug damit, verkündete sie, es solle für den Fall, dass es ein Sohn sei, auf den Namen des ungarischen Schutzheiligen Stephan getauft werden. Prompt schlugen in Wien die Wogen der Empörung hoch. Böse Zungen wünschten ihr einen »Unfall«, sprich eine Fehlgeburt. Noch bösere behaupteten sogar, der Vater des Kindes sei ein Ungar – eine unverhohlene Anspielung auf die angebliche Affäre mit Andrássy. Als besonders brüskierend wurde empfunden, dass die Kaiserin in diesem Jahr nicht einmal am Hofball teilzunehmen gedachte.

Ein Kind als Geschenk an Ungarn

Sisi ließ sich trotz all des Geredes und Getuschels in ihrem Vorhaben, mit diesem Kind Ungarn ein Geschenk zu machen, nicht beirren. Sie verließ Wien am 5. Februar 1868 und reiste in Begleitung ihrer Schwester Marie, der exilierten Königin von Neapel-Sizilien, und großem Gefolge, darunter Ärzte, Hebammen und Pflegerinnen, nach Ofen ab. In Wien blieb eine brüskierte, vor Wut schäumende Hofgesellschaft zurück.

Hatte Sisi unter ihren drei vorangegangenen Schwangerschaften unendlich gelitten, so war diesmal alles ganz anders. Wie aus den Briefen hervorgeht, die Kaiser Franz Joseph im April 1868 aus Ofen an seine Mutter schrieb, erging es ihr sogar in den letzten Wochen dieser Schwangerschaft bestens. Sie sei die ganze Zeit so wohl, kräftig und blühend gewesen wie nie, sei viel und mit Leichtigkeit gegangen und sehr heiter gewesen, meldete der Kaiser nach Wien. Auch die Entbindung sei musterhaft und im Vergleich zu den früheren sehr kurz gewesen. In der Nacht seien die Schmerzen stärker geworden, Sisi sei aufgestanden, habe ihn aber erst um drei Uhr geweckt, und um fünf Uhr sei das Kind da gewesen. Es habe die Welt mit frischem Geschrei begrüßt. Franz Joseph wörtlich: »Sie können sich, liebe Mama, mein Glück und meine Freude denken, als Gottlob alles überstanden war und das liebe Kind da war. Wäre mir gleich ein Sohn lieber gewesen, so bin ich doch dem lieben Gott auch für die kleine Tochter sehr dankbar. Die Kleine ist sehr stark und wohlgenährt, weniger garstig als manche andere kleine Kinder und hat besonders viele dunkle Haare …«[39]

Die Presse gab sich zurückhaltend. Die »Wiener Zeitung« meldete am Donnerstag, den 23. April 1868 in ihrem »Amtlichen Theil« lediglich: »Ihre Majestät die Kaiserin sind gestern, den 22. April, um 5 Uhr früh glücklich von einer Erzherzogin entbunden worden. Die feierliche Taufe wird Samstag, den 25. d.M., Nachmittags um 1 Uhr zu Ofen stattfinden.« Und das ärztliche Bulletin, herausgegeben von Dr. Balassa und Dr. Fleischer, lautete: »Sowohl das Befinden Ihrer Majestät, als jenes der neugeborenen Erzherzogin ist vollkommen befriedigend.«[40]

Die Bedürftigen durften anlässlich dieser Geburt nicht auf Geldgeschenke hoffen, schließlich war ja »nur« ein Mädchen zur Welt gekommen. Eine Amnestie gewährte der Kaiser dennoch. An den Justizminister erging das »Allerhöchste Handschreiben«: »Lieber Dr. Herbst! Es ist ein Bedürfniß meines Herzens, daß der für Mich und Mein Haus hocherfreuliche Tag der Entbindung Meiner Frau Gemahlin, Ihrer Majestät der Kaiserin Elisabeth, Trost und Freude auch denjenigen bringe, welche sich zwar gegen das Strafgesetz vergangen, jedoch für ihr Verbrechen bereits den größeren Theil ihrer Strafe gebüßt haben und nach den gegebenen Beweisen einer aufrichtigen Reue und wahrhaftigen Besserung, so wie auch nach ihrem Vorleben einer Milderung ihres, wennauch selbst verschuldeten Unglückes besonders würdig erscheinen. Ich beauftrage Sie daher, Mir in Ansehung solcher Sträflinge Ihre Gnadenanträge unter Beobachtung der bei früheren Anträgen dieser Art festgehaltenen Grundsätze und Bedingungen mit möglichster Beschleunigung zu unterbreiten.«[41]

Den beiden in Wien zurückgebliebenen Kindern Gisela und Rudolf schilderte der frisch gebackene Vater ihr neu geborenes Schwesterchen in glühenden Farben. Sie sei recht hübsch, teilte er ihnen mit, habe große, dunkelblaue Augen, ungeheuer dicke Backen und so viele Haare, dass man sie schon frisieren könne. Sie »kanoniere« öfter und stinke dann ein wenig, was bei kleinen Kindern nicht anders möglich sei, und sie schlage sehr frisch mit den Händen und Füßen herum.

Die Taufe in Ofen

Am Vorabend der Taufe waren beide Städte, Ofen und Pest, die zu jenem Zeitpunkt noch nicht zur Stadt Budapest vereint waren, festlich illuminiert. Am Tag der Taufe brachte Gräfin Königsegg, die Obersthofmeisterin der Kaiserin, das Kind um ein Uhr mittags auf einem »reichen Polster« aus den inneren Gemächern der Kaiserin und übergab es Fürst Hohenlohe-Schillingsfürst, dem Ersten Obersthofmeister. Während zwei Kämmerer die Ecken des Kissens hielten, ging der Zug unter Vortritt des männlichen Hofstaates von den Allerhöchsten Wohnappartements in den großen Festsaal der Ofener Burg, der zur Kapelle umgewandelt worden war. Dort nahm der von zahlreichen Erzbischöfen, Bischöfen und Äbten umgebene Fürst-Primas die Taufe auf die Namen Marie Valerie Mathilde Amalie vor. Als Taufpatin fungierte »Tante« Marie, die Königin von Neapel-Sizilien.

Hatte Sisi, die Kleinkinder im sprichwörtlichen Sinn nicht riechen konnte, an Rudolf noch anlässlich der Geburt der Tochter ihrer Schwester Mathilde geschrieben: »Im großen und ganzen ist das Wickelkind nicht so abscheulich, wie solche Kinder zu sein pflegen, nur von der Nähe riecht es nicht gut«[42], entdeckte sie bei Valerie plötzlich ihre Mutterliebe. Dieses Kind, auf das die Schwiegermutter keinen Einfluss hatte, hoffte sie auf ihre Weise lieben und hegen zu können. Joan Haslip schreibt in ihrer Elisabeth-Biographie, Sisi sei wie viele andere gefühlskalte Menschen stets darauf bedacht gewesen, andere Menschen an sich zu ketten. Auf Franz Joseph sei sie noch eifersüchtig gewesen, als sie ihn schon längst nicht

Die kaiserliche Familie im ungarischen Schloss Gödöllő, Sisi's Lieblingsort. Im Arm hält Sisi ihre jüngste Tochter, Marie Valerie, die sie mit unbändiger Mutterliebe überschüttete.

mehr liebte, und jeder Hofdame, die zu heiraten wagte, habe sie das Vertrauen entzogen. »Da Elisabeth ihre Gefühle niemals zu zügeln vermochte, artete ihre Liebe zu Valerie bald in eine regelrechte Manie aus.«[43]

So glücklich Sisi nach der Geburt dieses Kindes war, so wenig stabil zeigte sich ihr Gemütszustand. Sie litt unter Anfällen von Schwermut und äußerte oft, sie würde am liebsten den ganzen Tag weinen. Im Juni verließ sie Gödöllő und fuhr nach Ischl. Als sich ihre Stimmung auch dort nicht besserte, schlug ihr der Kaiser vor, nach Possenhofen zu gehen, denn die Umgebung ihrer Familie hatte sich immer als wohltuend erwiesen. In Bayern war die Stimmung zu diesem Zeitpunkt allerdings gespannt: Die Verlobung von Sophie, Sisi's Schwester, mit König Ludwig II. war geplatzt und dessen Absonderlichkeiten, eine davon seine Leidenschaft für Wagners Musik, hatten in besorgniserregendem Ausmaß zugenommen. Dank der Anwesenheit der Kaiserin kam es zu einer Aussöhnung mit dem König. Und Sophie verlobte sich bald mit Ferdinand d'Orleáns, Herzog von Alençon, auch keine schlechte Partie.

Erdrückende Mutterliebe

Um die kleine Valerie sorgte sich Sisi schon am Starnberger See in übertriebenem Maß. Sie erlaubte niemandem, sich dem Kind zu nähern. Als sich einmal Verdauungsprobleme zeigten, beschuldigte sie die Amme, sie mit ihrer Milch vergiftet zu haben, und telegraphierte hektisch um eine andere. Die so grob verdächtigte Amme rächte sich. Sie verbreitete wütend, mit dieser Kaiserin könne nicht einmal der Herrgott auskommen.

Nach sechswöchigem Aufenthalt verließ Sisi ihre bayrische Verwandtschaft wieder. In Wien war sie seit Anfang Februar nicht mehr gesehen worden, umso mehr sorgte es für Unmut, dass sie auch Gisela und Rudolf holen ließ und abermals Gödöllő vorzog. Nur dort fühlte sie sich wohl und ungestört. Kleine Unpässlichkeiten des Kindes versetzten sie dennoch in regelrechte Panik. Anfang Oktober schrieb sie ihrer Mutter, sie hätte eine Woche gelitten und Todesängste ausgestanden – dabei hatte Valerie lediglich »gezahnt«. Und als der Zahn endlich da war, spendete sie aus Erleichterung an die »kaiserlich-königliche Kindskammer« sogar 200 Gulden. Am 30. Oktober berichtete Franz Joseph seiner Mutter in Wien, dass es Valerie wieder gut gehe, nachdem sie ihren Eltern wegen einer »katharralischen Affektion des Kopfes und des Unterleibes mit Fieber« größte Angst gemacht habe. Jetzt fahre sie wieder täglich in den Wald und werde dort herumgetragen, was sie sehr amüsiere.

Auf Rat ihrer Schwester Marie, der Königin von Neapel-Sizilien, die später übrigens durch Nacktschwimmen im Meer bei Ostia, durch öffentliches Rauchen von Zigarillos und durch Liebesaffären für Skandale sorgen sollte, engagierte Sisi die Engländerin Mary Throckmorton als Erzieherin für Valerie. In einem auf Englisch verfassten Brief versicherte sie der jungen Engländerin, die Kleine sei ein so liebenswertes Geschöpfchen, sie werde es gewiss nicht bereuen, ihm ihr Leben zu widmen. So befremdend diese überschwänglichen Worte auch auf die junge Engländerin gewirkt haben mögen, so erstaunt war sie, als sie bei ihrem Eintreffen in Wien nicht eine warmherzige, um ihr Kind besorgte Mutter kennenlernte, sondern eine gestresste Kaiserin »im Geschirr«, wie sie den Hofzwang nannte. Aber kaum war Sisi mit ihren Kindern in einiger Entfernung zu Wien und dem Hof, lebte sie auf. Im bayrischen Schloss Garatshausen zum Beispiel gab sie sich fröhlich und ungezwungen, schickte die Hofdamen in Urlaub, lud Gaukler mit Bären und Affen, Zitherspieler und Kunstreiter vorgeblich zur Unterhaltung Valeries ins Schloss, unterhielt sich aber selbst am besten.

Eine Affäre mit Andrássy?

Als noch dazu Andrássy in München erschien, war ihr Glück überhaupt perfekt. Dass dieser Mann in ihrem Leben eine große Rolle spielte, war unübersehbar. Sisi selbst sagte viel später, sie habe eine tiefe Freundschaft verbunden, die aber nie durch eine Liebesgeschichte vergiftet gewesen sei. Ida Ferenczy, die Vertraute der Kaiserin, die sicher mehr über diese Beziehung wusste, hat das Geheimnis nie gelüftet. Das Gerücht,

Andrássy sei der tatsächliche Vater des »ungarischen Kindes«, entkräftete Valerie selbst. Wie keines ihrer Geschwister trug sie die Züge Kaiser Franz Josephs und hatte auch viele seiner Charaktereigenschaften geerbt.

Zu denken gab allerdings, dass es Sisi im Spätherbst 1869 ablehnte, den Kaiser nach Ägypten zu begleiten, als er in Begleitung Andrássys zur Eröffnung des Sueskanals reiste. War es ihr zu »gefährlich«, Tag für Tag vor den Augen der Öffentlichkeit mit Andrássy zusammenzutreffen? Fürchtete sie, sich zu verraten? Oder wollte sie einfach nicht hinter der französischen Kaiserin Eugénie zurückstehen, die bei diesem Anlass die Hauptrolle spielte und auf die sie immer ein wenig eifersüchtig war? Ihr Argument, sie wolle lieber bei den Kindern bleiben, klang jedenfalls plausibel. Es verlor allerdings an Schlagkraft, als sie bald daran ging, für die Zeit nach der Rückkehr des Kaisers eine Reise nach Rom zu planen.

Politische Wirren

Valerie entwickelte sich entgegen aller Ängste und Befürchtungen ihrer Mutter zu einem gesunden Kind. Im Herbst 1869 berichtete Großmutter Sophie ihrer Schwester Ludovika nach Bayern, ein lieblicheres, friedlicheres und so wohltuend heiteres Kind gebe es schwerlich sonstwo. Und im Februar 1870 meldete Sisi ihrer Mutter stolz, das kleine, herzige, »ungarische Königsmädchen« spreche Ungarisch am besten und man verstehe bereits alles, was es wolle.

Der Frühherbst 1870 war von politischen Wirren und Krisen geschüttelt. Der deutsch-französische Krieg war ausgebrochen. In Paris wurde die Republik ausgerufen, das Kaiserreich Napoleons III. war damit Geschichte. Frankreich musste seine Schutztruppen aus Rom abziehen, so konnten die Truppen des neuen Italien die ewige Stadt einnehmen. Das war das

Die zarte, kränkliche Marie Valerie verbrachte die meiste Zeit bei ihrer Mutter – im Gegensatz zu ihren älteren Geschwistern. Hier im Alter von drei Jahren.

Ende des Kirchenstaates, und Sisi's Schwester Marie, die Ex-Königin von Neapel-Sizilien und »Heldin von Gaeta«, musste nun auch Rom verlassen. Sie floh, nicht zuletzt, weil sie nach einer heftigen Liebesaffäre mit einem Offizier der päpstlichen Garde schwanger war, nach Bayern. Alle diese Ereignisse beunruhigten den Hof in Wien zutiefst. Die einzige, die davon keine Notiz nahm, war Kaiserin Elisabeth. Als sie bemerkte, dass Valerie etwas kränkelte, beschloss sie, den Winter mit ihr und Gisela – Rudolf blieb in Wien zurück – im milden Klima Merans zu verbringen und im Schloss Trauttmansdorff Logis zu nehmen.

Vor der Ankunft der Kaiserin wurden umfangreiche Adaptierungsarbeiten durchgeführt. So wurde im Schloss ein »Hoftelegraphenamt« eingerichtet, um die Verbindung zum Kaiser in Wien zu gewährleisten. Und dann mussten Unterkünfte für das 106-köpfige Gefolge der Kaiserin und die unzähligen Wagen und Pferde geschaffen werden. Obwohl der Kaiser, der seine Familie in Meran immerhin viermal besuchte, seine geliebte Sisi, den »guten Engel seines Lebens«, sehr vermisste, hatte diese es mit der Rückkehr nicht eilig. Sie blieb bis Anfang Juni 1871, unternahm in Begleitung ihrer riesigen Hunde lange Spaziergänge und sorgte sich um Valerie. Jedes Nasenbluten, jeder Husten, jede kleine Unpässlichkeit wurde zum Drama. Als in Wien Scharlach grassierte, bat sie den Kaiser sogar aus Angst, er könnte die Krankheit einschleppen, nicht nach Meran zu kommen.

In ihrer übertriebenen Fürsorglichkeit ging Sisi so weit, dass jede kleine Trennung von Valerie zu einem großen Abschied wurde. Fast scheint es, als hätte sie in ständiger Angst gelebt, ihrem kleinen Liebling könnte irgendein Unglück zustoßen. Allein wenn das Kind spazieren geführt wurde, verabschiedete sie sich umständlich von ihr. Und brachten die Kinderfrauen das kleine Mädchen, das immer mehr einen zwar klugen, aber scheuen Blick entwickelte und deshalb oft als unfreundliches Kind bezeichnet wurde, zurück, dann stellte sie tausend Fragen, ob inzwischen wohl ja nichts geschehen sei.

Weitgereistes Kaiserkind

Valerie musste ihre Mutter schon als Kind immer wieder auf ihren rastlosen Reisen begleiten. Oft diente das zarte, kränkelnde Kind allerdings auch als Ausrede für längere Aufenthalte fern von Wien. Als Leibarzt Wiederhofer 1875 zum Beispiel der kleinen Valerie Meerbäder verordnete, entschloss sich Sisi für ein kleines, unbekanntes Seebad in der Normandie, Sassetot-les-Mauconduit. Der Kaiser sprach sich ausdrücklich gegen diesen Ort aus. Die Beziehungen zwischen Österreich und Frankreich waren zu jenem Zeitpunkt nicht die besten. Man mutmaßte in Wien, die neu begründete Republik verdanke ihre Entstehung linken Kräften und gewähre überdies Anarchisten Zuflucht. Sisi aber setzte ihren Willen wieder einmal durch. Zweifel allerdings müssen sie dennoch befallen haben, denn sie machte kurz vor ihrer Abreise ihr Testament.

Schließlich wurden alle nötigen Vorbereitungen getroffen. Ein Hofsekretär und mehrere Bedienstete reisten der Kaiserin voraus und mieteten ein in einem prachtvollen Park gelegenes Schloss. Um der Kaiserin vor den Blicken Neugieriger geschützt Meerbäder zu erlauben, wurde ein langer, von Segeltuch verkleideter Gang errichtet, der bis zu einer Badekabine führte. Als nächstes wurden auch Sisi's Lieblingspferde in die Normandie gebracht. Nachdem die Kaiserin mit Valerie eingetroffen war, begab sie sich jeden Morgen in Begleitung ihrer beiden riesigen Hunde Mohamed und Shadow durch den Gang zur Badekabine und schwamm im Meer. Nachmittags unternahm sie Ausflüge in die Umgebung oder ritt aus, oft in Begleitung ihres Reitlehrers Mr. Allen, den sie aus England kommen ließ. Dabei erregte die Kaiserin immer wieder den Unmut der Bauern, den Berichten einer republikanischen Zeitung zufolge sei sie über bebaute Felder geritten. Die ganze Geschichte drohte zur Staatsaffäre zu werden, Paris dementierte schließlich, dass die Bauern die Kaiserin beschimpft hätten. Während der Kaiser in Wien schon vor der Abreise die

Befürchtung geäußert hatte, Sisi werde in dem politisch unruhigen Frankreich etwas geschehen, passierte tatsächlich etwas. In dem Sprunggarten, den Mr. Allen für Sisi errichtet hatte, machte ein neu eingetroffenes Pferd einen zu hohen Satz, strauchelte, stürzte und warf Sisi ab. Die Kaiserin blieb bewusstlos auf dem Rasen liegen. Später stellte sich heraus, dass sie eine Gehirnerschütterung erlitten hatte, die zwar rasende Kopfschmerzen und Übelkeit verursachte, die aber relativ harmlos war. Dass ihre Mutter einen Reitunfall erlitten hatte und tagelang im Bett liegen musste, war für die siebenjährige Valerie ein regelrechter Schock.

Kuriose Interessen

In Ungarn erlebte Valerie später ungetrübte Kindertage. Eine ihrer Vergnügungen war es, in einem kleinen, von einem Shetlandpony gezogenen Wagen durch Gödöllő zu fahren und zuzusehen, wie ihre Erzieherin an die Dorfkinder Süßigkeiten verteilte. Ein anderes bestand darin, gemeinsam mit Gisela und Rudolf die Kaiserin zu erwarten, wenn sie mit geröteten Wangen und aufgelöstem Haar, umgeben von einer Schar exzellenter Reiter wie Captain »Bay« Middleton oder Andrássy erschöpft, aber glücklich, nach ihren tollkühnen Fuchs- oder Hirschjagden in den Schlosspark preschte.

Sisi hatte eine eigentümliche Vorliebe für alles Absonderliche. In Meran ließ sie die vier Zentner schwere »Riesin« Eugenie, die Attraktion einer Schaubühne, zu sich aufs Schloss bringen, um sie eingehend aus der Nähe besichtigen zu können. In Gödöllő waren es zusammengewachsene »Negermädchen«, die sie faszinierten, und die sie Franz Joseph unbedingt »vorführen« wollte – was dieser allerdings vehement ablehnte. Und in Meran wünschte sie sich als Namenstagsgeschenk von ihrem Gemahl einmal sogar ein eigenes »Narrenhaus«.

Sisi liebte das Abenteuer und die sportliche Herausforderung. Wilde Reitjagden und Übungen im Sprunggarten standen auf der Tagesordnung.

Die Begeisterung für alles Exotische, Absonderliche und Außergewöhnliche teilte Sisi mit ihrem Vater Herzog Max in Bayern. Er hatte einst von seiner Orientreise vier »Negerjungen« mitgebracht, die Sisi über alles liebte. Ganz in diesem Sinne hoffte sie, Valerie mit einem kleinen »Mohrenjungen« Freude zu machen, den der Kaiser als Geschenk des Khediven, des Vizekönigs von Ägypten, erhalten hatte. Das Gegenteil aber trat ein. Valerie hasste den etwa 15-jährigen, verwachsenen und ihrer Meinung nach hässlichen »Rustimo«. Sie konnte ihn nicht ausstehen. Und mehr noch, sie fürchtete sich vor dem »schwarzen Teufel« regelrecht, der ihr als Spielgefährte zugedacht war. Den Hofdamen erging es nicht viel anders, sie lehnten es sogar ab, mit dem »zähnefletschenden kleinen Ungeheuer« im gleichen Wagen zu fahren. Elisabeth ließ diese Haltung ungerührt. Sie hielt an Rustimo fest.

Mit der Begründung, sie wolle nicht, dass sich in Valeries Umgebung ein Heide befinde, inszenierte sie sogar seine festliche Taufe – auf den Namen Rudolf übrigens. Sie bestand auch darauf, dass er bei offiziellen Anlässen zugegen war. Rustimo bekam das alles nicht gut. Er entwickelte mit den Jahren eine ausgewachsene Arroganz, Aggressivität und Egozentrik. Nach Valeries Hochzeit wurde er »pensioniert«. Er starb 1892 in einem Armenhaus.

Der Verlust einer Freundin

Wie besorgt Sisi um Valerie stets war, zeigt allein die Hochzeit von Sisi's Nichte Marie Louise von Wallersee, »Hibou«, mit dem Grafen Larisch im Oktober 1877. Sie wurde auf Wunsch der Kaiserin in farbenprächtigem, ungarischem Pomp gefeiert. Um zu verhindern, dass sich Valerie erkältete, musste die Kirche in Gödöllő zwei Tage lang vorgeheizt werden. Die damals neunjährige Valerie vergoss nach dieser Hochzeit bittere Tränen. Sie musste sich von einer lieb gewonnenen Freundin trennen, geradezu von einer »Schwester«, denn Sisi hatte »Hibou« wie eine eigene Tochter behandelt.

Mary Throckmorton, die ursprünglich nur ein Jahr bleiben wollte, »widmete« ihr Leben der kleinen Valerie dann doch volle sechs Jahre. Möglicherweise, weil ihr das ungarische Klima, das ihr Sisi ursprünglich als so angenehm und wohltuend beschrieben hatte, tatsächlich gut bekam. 1875 über-

Um Marie Valerie eine Freude zu machen, ließ Sisi den etwa 15-jährigen Rustimo als Spielgefährten zu sich kommen. Marie Valerie konnte diesen aber nicht ausstehen und fürchtete sich vor ihm. Dennoch blieb Rustimo bis zu Marie Valeries Hochzeit am kaiserlichen Hof.

nahm die Aufgaben der Engländerin Louise Scherak, »Botz«. Zu dieser Zeit begann für Valerie auch der Ernst des Lebens, der Unterricht. Dabei zeigte sie sich begabt und lernwillig.

Schon als Sechsjährige sprach sie passabel Deutsch, Englisch und Ungarisch und spielte Klavier.

Die am längsten dienende Erzieherin Valeries war Gräfin Marie Kornis, von ihrem Schützling liebevoll »Zummel« genannt. 1880 zur Kammervorsteherin ernannt, war sie streng angewiesen, das Ungarische zu betonen. Das Resultat war, dass Valerie später eine vehemente Abneigung gegen alles Ungarische im Allgemeinen und gegen Andrássy im Besonderen entwickelte, den sie regelrecht hasste. Valerie äußerte immer wieder, sie wäre viel lieber »daheim« in Wien oder in Ischl geblieben, statt so viele Wochen in Gödöllő zu verbringen oder ihre Mutter auf ihren zahllosen Reisen zu begleiten.

Im Alter von zehn Jahren war Valerie kein auffallend hübsches, dafür aber ein liebes, freundliches und »herziges« Mädchen. Sie litt unter der »Familienkrankheit Genation«, einer Art Scheu, lernte aber gerne, hatte Phantasie und Humor. Zu diesem Zeitpunkt führte sie bereits seit zwei Jahren Tagebuch und bewies damit eine ausgesprochen originelle Ausdrucksweise. Ganz am Beginn stellte sie sich in ihrem Tagebuch vor. Sie sei jetzt bald acht Jahre alt und höre auf den Namen Marie. Sie habe einen kleinen Bruder Feri, einen Bruder Rudolf und eine Schwester Gisela, sie seien also vier im ganzen, Marie, Gisela, Feri und Rudolf, und sie hätten sich sehr lieb … Dass »Feri« eine Wachspuppe war, die ihr Sisi vor ihrer Abreise nach England geschenkt hatte, vergaß sie zu erwähnen.

Im Anschluss an Familienfeste oder an Festtagen wurde in der kaiserlichen Familie regelrecht herumgetollt. Da spielten der Kaiser und die Kaiserin mit ihren Kindern Blindekuh, Plumpsack oder Fangen mit auf den Rücken gebundenen Händen. Bei »Kindergesellschaften« durften die Kinder lebhaft in den Räumlichkeiten der Hofburg spielen, einmal rannten sie sogar während der Predigt in die Burgkapelle und legten sich auf die Bänke, und Valerie ließ sich ausgelassen so heftig in Maria Theresias Bett plumpsen, dass es einbrach. Der Unterschied zu anderen Familien lag lediglich daran, dass

Als die liebe Freundin Marie Freiin von Wallersee heiratete, vergoss Marie Valerie tausend Tränen. Sisi hatte ihre Nichte beinahe wie eine eigene Tochter behandelt und Marie Valerie stand ihr nah wie eine Schwester.

solche Vergnügungen relativ selten vorkamen. Viel öfter war Valerie allein, die Mutter war auf Reisen, der Vater mit Staatsgeschäften beschäftigt. Umso größer war die Begeisterung und die Freude, wenn »Muzko« wieder da war und Valerie in die Arme schloss.

Langweilig wurde der kleinen Erzherzogin trotzdem selten. Sie hatte einen strengen Lehrplan zu erfüllen. Er bestand ab 1878 aus Unterricht in Geschichte, Geographie, Rechnen und Naturwissenschaften, den Prof. Karl Ferdinand Kummer erteilte, intensiven Lektionen in Französisch und Englisch sowie kunstgeschichtlichem Unterricht, für den Dr. Albert Ilg zuständig war. Zusätzlich hatte Valerie Tanzstunden, übte

Klavier, malte, dichtete und durfte Theater spielen – was sie besonders freute. Dass Sisi Valerie, ihre »Einzige«, ihren anderen Kindern immer wieder vorzog, ging an diesen natürlich nicht spurlos vorüber. Gisela und Rudolf waren in ihren ersten Lebensjahren kaum in den Genuss mütterlicher Liebe gekommen. Zu sehen, dass Sisi ihre jüngste Tochter mit Zuneigung und Sorge förmlich überschüttete, machte sie zeitweise richtig eifersüchtig.

Innige Liebe zum „Papa“

Zu ihrem Vater hatte Valerie ein ganz anderes Verhältnis als zu ihrer Mutter. Ihren »Papa« vergötterte sie regelrecht. Bei ihm hatte sie das Gefühl, er denke und fühle wie sie. Ihr größter Wunsch war es, mit ihm Deutsch sprechen zu können. Als sie einmal den Mut aufbrachte, ihn darum zu bitten, erlaubte er dies spontan. Wie selten Valerie ihren Vater zu sehen bekam und wie sehr sie die raren Momente genoss, die sie allein in seiner Nähe verbringen durfte, lässt die Tagebucheintragung vom 29. Mai 1884 erahnen. Sie habe Franz Joseph in seinem Arbeitszimmer erwartet, schreibt sie. Als er eintrat, habe sie, alles vergessend, beide Arme fest um seinen Hals geschlungen und ihn geküsst, einmal, zweimal. Ihn! Ihren Vater! Ihren Kaiser! Er habe ihr dann gestattet, in seinem Zimmer neben ihm zu frühstücken. Das sei zu viel der Seligkeit gewesen! Sie habe sich ganz still auf einen neben seinem Schreibtisch stehenden Sessel gesetzt und er habe zu arbeiten begonnen. Das sei bis dahin noch nie geschehen, nie! Hie und da habe er etwas gefragt, dann sei wieder lange Zeit Stille gewesen, nur unterbrochen vom Kratzen seiner Feder beim Unterschreiben der Schriften.

Am nächsten Tag wiederholte sich das ganz große Glück. Auch diesmal durfte Valerie eine gute Stunde mäuschenstill neben ihm sitzen, während er rauchend arbeitete. Es müssen ganz wichtige Dinge gewesen sein, vertraute Valerie ihrem Tagebuch an, denn er habe nur einmal aufgeschaut, und zwar um zu bemerken, sie müsse sich schrecklich langweilen. Valerie habe stürmisch geantwortet, oh nein, es sei so gut dazusitzen, worauf er gesagt habe: ein schönes Vergnügen …

Valerie liebte auch ihre Mutter sehr, sie machte sich allerdings auch große Sorgen um sie. Und das zu Recht, denn Sisi's Bewegungsdrang und ihre Unrast wurden ab Mitte der 1880er-Jahre immer heftiger. Zur Leidenschaft für das Reiten und die Gymnastik war die Begeisterung für das Fechten gekommen, zudem unternahm sie stundenlange Fußmärsche, denen die Hofdamen kaum gewachsen waren, und fastete verbissen, um nur ja kein Gramm zuzunehmen. Die Gewalttouren setzten ihrer Gesundheit so sehr zu, dass sie unter schrecklichen Schmerzen in den Füßen zu leiden begann und schließlich gezwungen war, mühsame Kuren auf sich zu nehmen. Dass diese kaum die erhoffte Linderung brachten, lag daran, dass die Kaiserin weder auf ihre Fechtübungen noch auf ihre Gewaltritte oder Märsche bei jedem Wetter verzichtete.

Valerie bekam den ganzen »Wahnsinn« hautnah mit, denn ab ihrem 15. Lebensjahr hatte Sisi befunden, ihr »größtes Kleinod«, ihr »Täubchen«, ihr »Püppchen«, wie sie sie später in Gedichten nannte, sei erwachsen genug, um sie noch öfter als bisher auf ihren Reisen zu begleiten. Je älter sie wurde, desto besser verstand Valerie ihre Mutter allerdings. Sie fühlte sich ihr im Wesen nah, stellte fest, sie hätten beide denselben harten, »fahrigen« Charakter, dasselbe leidenschaftlich schroffe Urteil und dieselbe schwärmerische Begeisterungsfähigkeit. Es war schließlich Valerie, die ihrer zu diesem Zeitpunkt 47 Jahre alten Mutter riet, als Ventil für ihre Stimmungen die »Poesie ihres Gedankenlebens« in Gedichte zu fassen, und die ihr Heinrich Heine ans Herz legte. Der Funke zündete. Sisi wurde zu einer leidenschaftlichen, glühenden Verehrerin, zur »Jüngerin« Heines und begann nach 30 Jahren, in denen sie kaum ein Gedicht geschrieben hatte, zu dichten. Heine fühlte sie sich zeitweise so eng verbunden, dass sie der Meinung war, »der Meister« diktiere ihr die Verse in die Feder.

Partnersuche unter Bedingungen

Die Kaisertochter galt als höchst begehrenswerte Partie. Mit 14 schwärmte Marie Valerie für einen Flügeladjutanten, der am Kaiserhof Dienst tat. Diese Liebe blieb aber, wie sie ihrem Tagebuch anvertraute, »rein«. Der erste ernsthafte Bewerber um die Hand der Kaisertochter stellte sich im August 1883 ein. Es war der Herzog von Bragança, der Kronprinz von Portugal. Er hatte keine Chance. Valerie, ganz Backfisch, notierte in ihr Tagebuch, sie geniere sich fast, es zu schreiben, aber er wollte sie heiraten. Er sei gar nicht angenehm gewesen, so klein und dick und spreche so laut, unausstehlich mit einem Wort. Besser hätte ihr im Januar 1885 der 24-jährige Ferdinand Coburg gefallen – auch er kam jedoch nicht in Frage, weil ihn der Kaiser nicht ausstehen konnte. Im April 1886 »klopfte« Dresden an. Kronprinz Friedrich August, »Männi«, von Sachsen wollte seine Aufwartung machen. Er scheiterte zur Abwechslung an der Kaiserin.

Die Aussicht, dass Marie Valerie in absehbarer Zeit heiraten und weit weg, möglicherweise sogar ins Ausland gehen würde, beunruhigte nicht nur die Kaiserin, sondern auch den Kaiser. So nahm Sisi, zutiefst geschockt von der Aussicht, ihre geliebte »Einzige« hergeben zu müssen, Marie Valerie das Versprechen ab, dass sie nicht vor ihrem 20. Geburtstag heiraten werde. Sie gestand ihr allerdings zu, wenn sie sich darauf versteife, auch einen Schornsteinfeger heiraten zu dürfen. Im Mai 1886 sagte der Kaiser einmal nachdenklich während eines »urgemütlichen« Zusammenseins der Familie, wie das einmal sein werde, wenn Marie Valerie nicht mehr da sei. Das machte sie überglücklich, denn zum ersten Mal hatte ihr »Papa« damit zu verstehen gegeben, dass er sie lieb habe. Er wiederholte es zwei Jahre später. Zu ihrem 20. Geburtstag schrieb der Kaiser seiner Tochter nach Baden Baden, er habe Gott gebeten, ihr einen guten Mann zu geben, der Gedanke, dass sie sich in ihren alten Tagen von ihr trennen müssten, sei jedoch ein recht trauriger.

Die Wahl fällt auf Franz Salvator

Zu diesem Zeitpunkt hatte das Schicksal bereits die Weichen gestellt. Im Januar 1886 tanzte Valerie auf dem Hofball die zweite Quadrille mit einem jungen Erzherzog, Franz Salvator, Sohn des Karl Salvator, Erzherzog von Österreich-Toskana, »Nino«, und der Maria Immaculata, Prinzessin beider Sizilien aus dem Hause Bourbon. Und als er sie dann auch wenige Tage später beim Ball bei Hof galant und höflich zum Tanz führte, verliebte sie sich in ihn. »Mama« hatte nichts einzuwenden. Wie Valerie ihrem Tagebuch anvertraute, war ihr der Gedanke an Franz lieb, es war ihr ein Trost, Valerie so nahe bei sich behalten zu können. Miguel, der Bruder der zweiten Ehefrau von Elisabeths Bruder »Gackel«, der aus München Heiratsabsichten kundtat, blitzte vehement ab, ebenso wie der von Gisela favorisierte bayrische Prinz Alfons Maria von Bayern, der am Fronleichnamstag 1866 zu Tisch geladen wurde und von dem sich Valerie angeschaut fühlte »wie eine Kuh am Viehmarkt«.

Dass sich Valerie zu Franz Salvator, Absolvent der Theresianischen Akademie und Leutnant des Ulanen-Regiments Nr. 6 hingezogen fühlte, den Dr. Wiederhofer anlässlich einer ärztlichen Untersuchung zwar als gesund, aber als »ausgehungert, ein anämisches Manderl« bezeichnet hatte, stieß nicht nur auf Freude. Während Sisi schon im Sommer 1886 von

Ischl aus Besuche in der Villa Toskana am Traunsee und Ausflüge mit den »Ninos« arrangierte, der Familie Franz Salvators, grantelte Kaiser Franz Joseph gewaltig. Er fragte seine Frau, was das zu bedeuten habe, dass sie jetzt immer »den ganzen Nino-Ziegel« mit sich herumschleppten. Als er hörte, dass da etwas laufe zwischen dem Franz und der Valerie, knurrte er, »ich bitte dich, der Bub und der schreckliche Nino – das wäre ja ein Unglück«. Der Kaiser konnte die »Toskanas« im Allgemeinen und »Nino« im Besonderen nicht ausstehen. Er favorisierte Kronprinz August von Sachsen als zukünftigen Schwiegersohn und erklärte in seiner pragmatischen Art, das wäre halt so gut und zweckmäßig in jeder Beziehung. Kronprinz Rudolf war ausnahmsweise einer Meinung mit seinem Vater. Er sprach sich auch gegen die toskanische Verbindung aus. Er bekrittelte vor allem, Franz Salvator sei von zu niedrigem Stand für seine Schwester.

Valerie hingegen hielt sich gegen Ende des Jahres vor Augen, dass ihr so eine tiefe, treue Liebe wie von Franz Salvator nicht ein zweites Mal im Leben entgegengebracht würde. Ihrem Tagebuch vertraute sie an, dass sie immer wieder an seine klaren Augen denke, die sie so tief, so traurig und fragend ansahen. Dann wieder hatte sie gegen Zweifel anzukämpfen, ob ihre Liebe wohl ausreichen würde, um eine glückliche Ehe zu führen. In ihrer Selbstprüfung war sie geradezu gnadenlos. Sie horchte in sich hinein, legte jedes Wort auf die Waagschale. Sie versuchte, ihren Zukünftigen für Dichtung zu begeistern, in ihm den Wunsch nach höherer Bildung zu wecken, seinen Gesichtskreis zu erweitern. Dann wieder bemerkte sie seine Mankos, seine Nüchternheit und seinen Mangel an Draufgängertum. Und das alles stürzte sie in ein Wechselbad der Gefühle, sie pendelte zwischen der Angst »es ist noch nicht der Wahre« und dem Gefühl »voll überströmender Seligkeit«.

Marie Valerie durfte sich ihren zukünftigen Ehemann zwar selbst aussuchen, jedoch unter der Bedingung, nicht vor ihrem 20. Geburtstag zu heiraten. Die Wahl fiel auf Franz Salvator, Erzherzog von Österreich-Toskana.

Sisi's Weltschmerz und Todesahnungen

Elisabeth aber, die zunehmend unter Weltschmerz und Todesahnungen litt, die sich seit dem mysteriösen Tod König Ludwigs II. »in die Arme Jehovas« geworfen hatte, die ruheloser denn je durch die Welt raste und die glücklich darüber war, dass Franz Joseph in Katharina Schratt eine Herzensfreundin gefunden hatte, die ihr die ehelichen Pflichten abnahm, befürwortete die Verbindung. Sie erklärte Franz Salvator am 21. August 1887 anlässlich seines 21. und Rudolfs 29. Geburtstags, sie habe zu ihm, zu seiner Liebe und seinem Charakter

Vertrauen. Bedenken hatte sie allerdings, Rudolf könnte, wenn er einmal Kaiser wäre, die militärische Laufbahn von Franz Salvator behindern.

Ganz in diesem Sinne nahm sie Rudolf im Dezember 1888, eine Woche vor der Verlobung, das Versprechen ab, gut zu Valerie und zu ihrem Mann zu sein, wenn sie einmal von ihm abhängig sein würden. Rudolf sagte: »Ich schwöre und beteuere es!« Daraufhin machte Elisabeth ihrem Sohn das Kreuz auf die Stirn und sagte, wohl nicht ahnend, dass er bereits geradewegs auf sein tragisches Ende zusteuerte, der liebe Gott werde ihn dafür segnen. Rudolf küsste seiner Mutter höflich die Hand, Valerie stürzte aufgeregt herbei, umarmte und küsste ihre Mutter und – zum ersten Mal in ihrem Leben – ihren Bruder und seufzte: »So sollten wir immer sein!«

Verlobung wurde am Heiligen Abend des Jahres 1888 gefeiert. Valerie und ihre Mutter beteten zuerst gemeinsam, dann folgten Umarmungen und Tränen der Rührung. Im »Lernzimmer« stellte Valerie ihrem Franz dann die Frage, ob er sie noch immer haben wolle und ob er sie noch lieb habe. Er bejahte aufgeregt, hielt ihre Hand und beugte sich zu ihr und tat so, als würde er sie küssen. Sich vor der Hochzeit einen echten Kuss zu geben, wagte das junge Paar jedoch nicht. Dann schworen sie einander ewige Liebe. Vor Kaiser und Kaiserin wurde die Verlobung schließlich offiziell besiegelt. Sisi umarmte ihren zukünftigen Schwiegersohn mit den Worten: »Ich gebe dir mein Alles. Mache meine Valerie glücklich.« Und zu Zummel sagte sie scherzend: »Wir sind jetzt abgetakelt«.[44]

Der mit eineinhalb Jahren überaus lange »Brautstand« Valeries war alles andere als eine glückliche, erwartungsfrohe Zeit. Zuerst stürzte die Tragödie von Mayerling die gesamte kaiserliche Familie in tiefste Erschütterung und Verzweiflung. Dann musste Valerie mit ansehen, wie sich der Gesundheitszustand ihrer Mutter drastisch verschlechterte, wie ihre Unrast und ihre Todessehnsucht wuchsen. Sie begleitete ihre Mutter auf ihren Reisen und musste erkennen, dass sie immer ge-

Kaiser Franz Joseph führte schon seit geraumer Zeit ein außereheliches Verhältnis mit Schauspielerin Katharina Schratt. Als Sisi ihre Lieblingstochter darum bat, im Fall von Sisi's Tod ihrem Vater zur Heirat der Geliebten zuzusprechen, war Marie Valerie schockiert.

drückter wurde, wenn sie mit »Papa« war. Dieser aber wurde zunehmend schwierig, wortkarg, schwerfällig, kleinlich und unzugänglich.

Zeichen einer gescheiterten Ehe

Zwischen dem Kaiserpaar kam es zu Momenten tiefster Bitterkeit, zu aufreibenden Peinlichkeiten, die keinen Zweifel ließen an 30 Jahren missglückter Ehe. Sisi klagte Valerie immer wieder ihr Leid. Ihr ständiges Lamento, ihr Leben sei unnütz, sie stehe zwischen Papa und Frau Schratt, die Ehe sei eine widersinnige Einrichtung, man werde als 15-jähriges Kind verkauft und tue einen Schritt, den man nicht verstehe und dann 30 Jahre bereue und nicht lösen könne, war für die junge Braut, die sich auf ihre Ehe vorbereitete, sicher nicht aufbauend. Und nicht nur das. Wenige Tage vor der Hochzeit vertraute sie ihrem Tagebuch sogar an, Mamas zu große Liebe laste oft auf ihr wie eine unabtragbare Schuld …

Valerie wies »der Schratt« einen Teil der Schuld an der frostigen Atmosphäre zwischen ihren Eltern zu. Im Gegensatz zu ihrer Mutter war sie der Meinung, sie stehe zwischen Mama und Papa. War diese Beziehung für die erzkonservative, an ewige Liebe und Treue glaubende Valerie ebenso wie für Franz schon schwer genug zu akzeptieren, so stieß Sisi's Haltung, sie noch zu fördern, auf gänzliches Unverständnis. Besonders peinlich berührt war Franz, als Valerie ihm erzählte, Mama habe sie aufgefordert, Papa zuzureden, die Schratt zu heiraten, falls sie sterben sollte.

Am 16. Juni 1890 leisteten Valerie und Franz in dem feierlichen Akt der Renuntiation die vor der Hochzeit unerlässliche Verzichtserklärung. Die Hochzeit wurde schließlich für den 31. Juli 1890 festgelegt, die Trauung sollte in der Pfarrkirche von Ischl erfolgen. Schon Wochen zuvor war der ganze Ort in heller Aufregung, eifrig wurde gebaut und dekoriert. Am Tag vor der Hochzeit präsentierten sich Straßen und Häuser festlich geschmückt, von der Franz-Josefs-Warte leuchteten die Initialen des Brautpaares herab, und Feuerwerke erleuchteten den Nachthimmel. Sisi bereitete dem Brautpaar eine besondere Überraschung. Nach Einbruch der Dunkelheit nahm unter dem Balkon von Valeries Schreibzimmer ein Männerchor Aufstellung und sang das Loserlied, dessen Text sie selbst verfasst hatte.

Ströme von Tränen bei der Trauung

Am Hochzeitsmorgen waren die Straßen Ischls von Spalieren und jubelnden Menschen gesäumt. Neben der Kirche war ein Hofzelt für insgesamt 63 Mitglieder des Kaiserhauses errichtet worden. In der prachtvoll mit Palmen und Orangenbäumen geschmückten Kirche selbst bildeten kleine Mädchen Spalier, um dem zum Altar schreitenden Brautpaar Blumen zu streuen. Wie eine gewaltige Klangwolke brauste die Kaiserfuge durch den Kirchenraum, auf der Orgel gespielt von keinem Geringeren als Anton Bruckner. Die Trauung vollzogen der Linzer Bischof Franz Maria Doppelbauer und der Wiener Burgpfarrer Laurenz Mayer. Auf eine Messe wurde verzichtet, sie hätte Mama, die übrigens ausnahmsweise auf Schwarz verzichtet hatte und in einem perlgrauen Kleid erschienen war, zu lange gedauert. Am Ende der relativ kurzen Zeremonie fielen Valerie und Franz ihren Eltern um den Hals, in diesem Moment flossen Ströme von Tränen der Rührung. Und unter Tränen ging es schließlich hinaus aus der Kirche, in den Kursalon, in dem das Dejeuner stattfand.

Zu Mittag hieß es Abschied nehmen. Wieder flossen Ströme von Tränen, als das Brautpaar Papa und Mama und der heiß geliebten Zummel Lebewohl sagte und in dem über und über mit Alpenrosen und Vergissmeinnicht geschmückten Wagen stieg, der es in das kaiserliche Jagdschloss Offensee bei Ebensee brachte. Dort erwartete das Brautpaar abermals eine Überraschung. Das idyllisch und einsam am Fuß des Toten Gebirges gelegene Jagdschloss war reich mit Fahnen und Kränzen geschmückt. Und auch im Inneren war es ganz auf seine spezielle Aufgabe vorbereitet worden: Das Schlafzimmer war über und über in Rosa dekoriert, unter einem rosa Himmel stand ein großes, mit rosa Decken überzogenes Hochzeitsbett. Sogar die Betschemel zwischen den Fenstern waren rosa überzogen. Und auf der Kommode stand das Bild eines Storches, der im Schnabel ein Kind trug …

Das junge Paar dinierte vorerst vergnügt und unternahm dann einen Abendspaziergang zum See. Ins Jagdhaus zurückgekehrt, saßen die beiden lange innig nebeneinander. Franz unterbrach das Schweigen nur einmal mit der Frage »Wird sie ein braves Weibi sein?« Schließlich war es Zeit für das Abendgebet. Das junge Paar begab sich ins Schlafzimmer, kniete nebeneinander nieder und betete. Und dann? Valerie notierte später lediglich in ihr Tagebuch, sie wisse jetzt, dass der Blick in seine tiefen, klaren Augen sie nicht getäuscht hätte.

Nach einer Woche »reinsten Glückes« führte die Hochzeitsreise das junge Paar zuerst nach Meran und dann über Trafoi, Sondrio und Bellagio nach Lugano, Andermatt und Interlaken. Über München, wo sie Gisela besuchten, und Traunkirchen trafen die Neuvermählten schließlich am 11. September in Wels ein, das sie mit abendlicher Festbeleuchtung begrüßte. In dem ursprünglich aus dem 16. Jahrhundert stammenden Schloss Lichtenegg, das eilig für das junge Paar adaptiert worden war, hatte sich im großen Saal die 24-köpfige Dienerschaft versammelt. Franz und Valerie hielten kurze Ansprachen. Langsam kam Valerie zu Bewusstsein, dass sie eine Fülle neuer Aufgaben erwartete – und dass sie weder von Haushaltsführung noch von Geldsachen auch nur die geringste Ahnung hatte.

Die Eltern zu Besuch

Schon im Oktober kam Papa zu Besuch. Er blieb über Nacht und hatte sogar Arbeit mitgebracht. Da es in Strömen goss, wurde aus der geplanten Ausfahrt nach Tisch nichts. Also saß Valerie im Zimmer von Papa, versuchte, die immer wieder stockende Konversation anzukurbeln und ihn mit Album-Anschauen zu unterhalten – die Stunden vergingen aber nur langsam. Und schließlich, als sie Papa endlich mit Franz zur Bahn brachte, machte sie sich geradezu Vorwürfe: »Ist's Unrecht, dass ich mich froher fühlte, als alles glücklich vorbei war?«[45]

Der Besuch von Mama im Januar des nächsten Jahres verlief erfreulicher. Sisi, die ihrem »innig geliebten Täubchen« von unterwegs zahlreiche zärtliche, übrigens ungarisch verfasste Briefe geschrieben hatte, fühlte sich in Schloss Lichtenegg ausgesprochen wohl, viel mehr als bei Gisela. Gerade weil es ihr so gut gefiele, dürfe sie sich jedoch nicht daran gewöhnen, meinte sie. Mit der Begründung, die Seemöwe passe nicht ins Schwalbennest, hielt sie auch ihre künftigen Besuche kurz. Auf eine Seereise nach Korfu allerdings nahm sie das junge Paar im März 1891 mit.

War es für Valerie schon schmerzlich, zu erkennen, dass ihr Vater mit den Jahren immer unzugänglicher und wortkarger geworden war, dass es immer mühsamer wurde, mit ihm Konversation zu treiben, so musste sie auch erkennen, dass ihr Franz eine nicht unähnliche Entwicklung nahm. Franz Salvator hatte in der Armee zwar rasch Karriere gemacht, er war noch im Jahr vor der Hochzeit zum Rittmeister aufgestiegen und sollte es bis 1911 sogar bis zum General der Kavallerie bringen, nicht zu übersehen war aber, dass er sich in Gesellschaft oft ungeschickt benahm, wenig sprach und so gut wie nie brillierte. Valerie versuchte wie schon vor der Hochzeit, ihn zum Lesen zu animieren, und dazu, seinen Horizont zu erweitern – vergeblich. Nahezu resignierend musste sie feststellen, dass sie am glücklichsten war, wenn sie mit ihm ganz allein war. In Gesellschaft quälte sie die Angst, dass ihr Franz für unbedeutend gehalten wurde.

Obwohl Sisi beim »großen Jehova« dafür gebetet hatte, er möge dem jungen Paar seine kleinen Täubchen zur rechten Zeit geben, war sie alles andere als begeistert, als Valerie im Sommer 1891 zum ersten Mal guter Hoffnung war. In melancholischer, ja trostloser Stimmung beklagte sie den Zustand ihrer Tochter und verkündete wenig einfühlsam angesichts der Vorfreude auf das Mutterglück, die Geburt eines jeden neuen Menschen sei ein Unglück. Um mit ihrer Mutter länger zusammen sein zu können, ließ sich die schwangere Valerie sogar auf den Jainzen tragen. Oben angekommen, seufzte Mama jedoch, sie sehne sich nach den guten alten Zeiten, als Valerie noch eine unschuldige Jungfrau war, und »scherzte« angesichts ihrer unförmigen Figur sogar, sie schäme sich ihrer.

Erste Geburt in der Influenza-Epidemie

Die letzten Wochen von Valeries Schwangerschaft fielen in die Zeit, in der eine heftige Influenza-Epidemie grassierte. Ende November erlagen Erzherzog Heinrich und seine Frau der Seuche, beide starben in derselben Nacht. Anfang Dezember erkrankte Valerie in Wien an einem heftigen Lungenkatarrh mit hohem Fieber, sie musste zwei Wochen das Bett hüten. Daran, nach Lichtenegg zurückzukehren, war nicht zu denken, sie musste, hoch schwanger, in Wien bleiben. Mitte Januar 1892 erlag Nino, Valeries Schwiegervater, dieser Krankheit. Dann erkrankte auch Franz, der sich während der Schwangerschaft übrigens überaus liebevoll um seine Frau gesorgt hatte. Ende Januar schließlich starb Ludovika, Valeries Großmutter. Und plötzlich, um vier Wochen zu früh, setzten die Wehen ein.

Während der Geburt wagte es niemand, den schwer kranken Franz zu wecken. Erst als alles vorbei war, überbrachte ihm Sisi, die ihrer Tochter beigestanden war, die Nachricht, er habe eine Tochter. Franz reagierte enttäuscht und bitter, dass man ihn nicht rechtzeitig geholt hatte – und wurde noch stärker krank. Zu allem Unglück erkrankte Valerie nach der Geburt noch einmal an einer heftigen Lungenentzündung. Das alles bewirkte, dass Valerie, Franz und das Neugeborene, das auf den Namen Elisabeth, »Ella«, getauft worden war, wochenlang voneinander getrennt waren. Da sich bei Franz zur Lungen- auch noch eine Venenentzündung schlug, konnte er nach drei Wochen nur im Rollstuhl an das Bett seiner Valerie fahren.

Mama und Papa kamen sich in ihrer Sorge um Valerie etwas näher. Franz Joseph vergoss Tränen der Rührung, als er kurz nach der Geburt bei Valerie ankam. Das Neugeborene besuchte er täglich mehrmals, er nannte es ein Wunder an Verstand und Schönheit.

Sisi reist immer öfter ziellos durch die Welt

Sobald Sisi wusste, dass ihre Tochter genesen war, begab sie sich wieder auf Reisen, nach Miramar und weiter nach Korfu. Von nun an sollte sie nach dem Motto »Durch die ganze Welt will ich ziehen, Ahasver soll ein Stubenhocker gegen mich sein«, ziellos reisen. Schwarz gekleidet, das Gesicht hinter einem schwarzen Lederfächer verborgen, menschenscheu und getrieben von Unrast. Zu verlieren hatte sie nichts mehr. Ihr Sohn war tot, ihr bester Freund Andrássy war tot, die ehelichen Pflichten hatte sie an Katharina Schratt abgegeben. Jetzt fühlte sie sich frei, Österreich so oft wie möglich zu verlassen. Zu Kuren in diversen Badeorten, nach Gödöllő und Alicante, nach Sizilien und Korfu, in die Schweiz und nach Cap Martin. Zu von ihren Begleiterinnen gefürchteten Gewaltmärschen und zu Schiffsreisen, die sie am meisten bei hohem Seegang und Sturm liebte. Während die Hofdamen gegen ihre Übelkeit und Angst ankämpften, ließ sie sich einmal sogar an Deck an einen Stuhl festbinden, um von den Wellen nicht über Bord gespült zu werden. Valerie sah die Entwicklung mit großer Besorgnis. Wenn man nicht immer mit Mama lebe, falle es erst recht auf, wie sie sich ihr Leben so merkwürdig schwer und traurig gestalte und wie sie in allem ein Unglück sehe und gar keinen inneren Trost habe, notierte sie Ende Juli in ihr Tagebuch, als sie mit ihrer Mutter in Ischl zusammentraf.

Dass Valerie zu diesem Zeitpunkt wieder guter Hoffnung war, machte Sisi nur noch unglücklicher. Sie gab klar und deutlich zu verstehen, dass sie ihrer Tochter diesmal bei der Geburt nicht beistehen würde. Tatsächlich befand sie sich gerade in Turin, auf der Rückreise aus dem Süden, als Valeries zweites Kind am 17. Februar 1893 zur Welt kam. Der sonst so reservierte Kaiser hingegen, der schon das erste Kind Valeries über alles liebte und keine Gelegenheit ausließ, bei seinen Besuchen rührend mit dem kleinen Mädchen zu spielen und sich ihm zuliebe sogar auf dem Boden rollte, geriet auf die Nachricht von der glücklichen Geburt hin regelrecht außer Rand und Band. »Die Valerie hat einen Buben«, rief er seinem Adjutanten aufgeregt zu und telegraphierte sogleich, er sei selig. Er war auch Pate, als das Neugeborene auf den Namen Franz Karl Salvator getauft wurde.

Im folgenden Mai hatte Franz Joseph gleich wieder Grund, sich zu freuen. Da brachte Valerie ihren zweiten Sohn zur Welt. Er wurde in Anwesenheit seines Großvaters auf den Namen Hubert Salvator getauft. Sisi besuchte Valerie und ihre Familie immer wieder in Schloss Lichtenegg. Meist blieb sie jedoch nur wenige Stunden, den Kindern jede Menge Spielsachen mitzubringen, vergaß sie allerdings nie. Manchmal schickte sie ihnen Geschenke auch von unterwegs, wie von Algier.

Ernüchterndes Familienleben

Wenn Franz Joseph bei Valeries Familie erschien, war das für die Kinder immer ein richtiges Fest. Da wurde herumgetollt und Verstecken gespielt, als gebe es keine Kaiserwürde und kein schwer auf den Schultern lastendes Amt.

Franz Joseph war ein stolzer und liebender Großvater. Diese Fotografie von 1894 zeigt ihn mit Franz Karl, Hubert Salvator und Elisabeth.

Ihren fünften Hochzeitstag am 31. Juli 1895 sah Valerie bereits recht entzaubert. »Wenn auch unsere Liebe nicht das ist, was ich im Brautschleier erträumte, so ist sie doch sehr fest, sehr wahr, gekittet durch jenes Vertrauen, das sich nie scheuen würde, auch die innersten Gedanken erkennen zu lassen«, schrieb sie in ihr Tagebuch.[46]

Die Realität sah aber nicht ganz so rosig aus. Tatsache war, dass sich Valerie und Franz zunehmend auseinanderlebten. Nach außen hin ließen sie davon allerdings nichts erkennen.

Im Juni 1895 kaufte das Paar von Herzog von Sachsen-Coburg und Gotha Schloss Wallsee und ließ es vollständig renovieren. Anfang September 1897 hielt die Familie, die im September des Vorjahres um ein weiteres Töchterchen, Hedwig, gewachsen war, feierlich Einzug in das Schloss an der Donau. Valerie nahm sich der Armen und Bedürftigen der Umgebung an und gewann rasch das Herz der Bevölkerung. Im Mai 1898 kam Mama zu Besuch. Ihr Zustand gab Valerie Anlass zu Sorge. Die tiefe Traurigkeit, die sie früher nur zeitweise umfangen habe, verlasse sie jetzt nie mehr, schrieb sie in ihr Tagebuch, alles sei düster, alles trostlos. Und auch ihre physische Kraft, einst ihre größte Freude, habe sie verlassen.

Schicksalsschlag Attentat

Die Todessehnsucht der Kaiserin erfüllte sich auf ebenso dramatische wie unerwartete Weise. Sisi fiel am 10. September 1898 in Genf dem Attentat des Anarchisten Luigi Lucheni zum Opfer. Valerie erhielt die Nachricht abends um 6 Uhr 30, kurz nachdem sie von einem Rundgang bei den Armen der Gemeinde zurückgekehrt war. Noch um Mitternacht eilte sie nach Wien, zu Kaiser Franz Joseph. Dieser erwartete sie am Stiegenaufgang von Schloss Schönbrunn, fiel seiner Tochter in die Arme und weinte hemmungslos. Als der Leichenkonvoi aus Genf eintraf, war Valerie vor Schmerz einer Ohnmacht nahe. Sie musste sich an Gisela festhalten, die ebenfalls in aller Eile aus München eingetroffen war. In der Burgkapelle nahmen der Kaiser und seine beiden Töchter in einer berührenden Szene Abschied von Elisabeth. Sie knieten nach der Einsegnung nacheinander am Kopfende des Sarges nieder und küssten ihn. Valerie gingen die Worte durch den Kopf: »Oh Mutter, wüsstest Du in diesem Augenblick, dass Dein Kind Dich liebt mit einer Liebe, wie ich sie wohl früher nie gefühlt.«

Das anfängliche Eheglück wich bald einer nüchternen Vernunftehe. Trotzdem brachte Marie Valerie zehn Kinder zur Welt.

Wie immens groß das Vermögen Sisi's war, erfuhren ihre Töchter erst durch das Testament. Die Kaiserin hatte Gisela und Valerie je zwei Fünftel und Elisabeth, »Erzsi«, der Tochter Rudolfs, ein Fünftel ihres Vermögens vererbt, und das war beträchtlich. Valerie erhielt zusätzlich die Hermesvilla, deren Nutzungsrecht allerdings dem Kaiser verblieb. Nach dem Tod Franz Josephs 1916 wuchs Valeries Vermögen noch einmal gewaltig. Der Kaiser hatte seine beiden Töchter und seine Enkelin Elisabeth zu gleichen Teilen bedacht. Valerie erhielt die Schlösser Rohregg, Gutenbrunn, Persenbeug, Petersberg und die Kaiservilla in Ischl, von deren Buchwert

Marie Valerie und Ehemann Franz Salvator mit ihren Kindern, 1902.

sie aber gewisse Teile in bar an die anderen Erbinnen auszahlen musste. Erzherzog Franz Salvator erhielt das Jagdhaus am Offensee.

Obwohl die einstige Verliebtheit mit den Jahren einem distanzierten Verhältnis Platz gemacht hatte, wurden dem Paar in den folgenden Jahren noch fünf weitere Kinder geboren, Theodor Salvator 1899, Gertrud 1900, Maria 1901, Clemens Salvator 1904 und Mathilde 1906 – diese neunte Schwangerschaft hatte der greise Kaiser übrigens als »sehr überflüssig« bezeichnet. Nicht zuletzt vermutlich, weil ihm nicht entgangen war, dass seine Tochter zu diesem Zeitpunkt längst nicht mehr glücklich, und dass von der einst harmonischen Ehe nicht mehr viel übrig war. Valerie quälten zudem immer öfter Gefühle der Unzulänglichkeit, sie litt unter Depressionen und fühlte sich ihren Aufgaben nicht gewachsen.

Als sie 42-jährig abermals schwanger wurde, wälzte sie sogar Todesgedanken. Im Dezember 1910 sprach sie davon, sie habe keine Furcht vor dem Tod, er sei hingegen ihr Ziel. Schweres Erbe ihrer Mutter oder weise Voraussicht? In der Schwangerschaft tauchten jedenfalls Komplikationen auf, schließlich ließ die Querlage des Kindes massive Probleme befürchten. Und so kam es auch. In Ischl brachte Valerie am 26. Juni 1911 in einer überaus schweren Entbindung eine kleine Tochter zur Welt. Sie wurde in aller Eile auf den Namen Agnes getauft und starb bereits acht Stunden nach ihrer Geburt. Franz Salvator war Valerie diesmal liebevoll beigestanden. Hautnah hatte er miterlebt, dass das Leben seiner Frau an einem seidenen Faden gehangen war. Er weinte so herzzerreißend an ihrem Bett, dass ihn Valerie sogar trösten musste.

Eine Affäre mit Folgen?

Nachhaltig band dieses dramatische Ereignis den Erzherzog allerdings nicht an seine Frau und seine Familie. Er ließ sich mit anderen Damen ein. Nicht ohne Folgen scheint die Affäre mit der umtriebigen Stephanie Richter geblieben zu sein. Die Tochter eines Anwaltes, eine begeisterte Sportlerin, hatte es mit Charme, Witz und Selbstbewusstsein, dank hochgestellter Mentoren und ihrer erstklassigen Reitkünste geschafft, Zugang in Wiens exklusivste Gesellschaft zu finden. Im Frühjahr 1914 stellte sie fest, dass sie schwanger war. Laut den Autoren Rudolf Stoiber und Boris Celovsky, die eine Biographie über Stephanie von Hohenlohe verfassten, sei der Erzherzog der Erste gewesen, dem Steffi gestanden habe, dass sie schwanger war, weil er, nach ihrer Mutmaßung, der Vater sei. Der Schwiegersohn des Kaisers sei alles andere als entzückt über die Nachricht gewesen und Steffi habe versprochen, nach einem passenden Ehemann und »Vater« für das zu erwartende Kind zu suchen. Zitat: »Ihre Wahl fiel, wie sie Freunden später selbst erzählte, auf den Prinzen Franz Hohenlohe … Der österreichisch-ungarische Militärattaché am Zarenhof zu St. Petersburg hatte außer dem verlockenden prinzlichen Titel noch einen weiteren Vorteil für die Rolle, die ihm zugedacht war. Er war nicht besonders intelligent, und wie Steffi aus ihrer Aristokraten-Clique erfahren hatte, war er spielsüchtig, steckte in hohen Spielschulden und stand vor dem Ende seiner Karriere. Er war das richtige Opfer … Wie die Prinzessin in den zwanziger Jahren ihren prominenten amerikanischen Freunden, den Cushings, selbst erzählte, bot sie Prinz Hohenlohe an, seine Spielschulden zu bezahlen. Unter der Bedingung, daß er sie unverzüglich heiratete …«[47]

Der erleichterte Erzherzog Salvator habe bei diesem Plan durch seinen Schwiegervater, den Kaiser, noch nachgeholfen, behaupten Stoiber und Celovsky. Der »Alte Herr« sei bereit gewesen, dem Gatten seiner Tochter aus dem »Schlamassl« zu helfen. Er habe den Weg für die Heirat geebnet, indem er Prinz Chlodwig, dem Vater des Auserwählten, versichert habe, er hätte nichts dagegen, wenn sein Militärattaché, Prinz Hohenlohe, eine Bürgerliche heirate, in die er sich, wie es hieße, Hals über Kopf verliebt habe.

Tatsache ist, dass Stephanie am 12. Mai 1914 in London Franz Friedrich zu Hohenlohe-Waldenburg-Schillingsfürst heiratete. Als Prinzessin nach Wien zurückgekehrt, brachte sie am 5. Dezember desselben Jahres, keine sieben Monate nach der Hochzeit, einen Sohn zur Welt. Das Neugeborene, das angeblich einem Habsburger ähnlicher sah als einem Hohenlohe, wurde auf die Namen Franz Joseph Rudolph Hans Weriand Max Stefan Anton getauft. Als Vater wurde Franz Prinz zu Hohenlohe eingetragen.

Die Ehe wurde nach vier Jahren geschieden. »Steph« sorgte später immer wieder für Schlagzeilen, unter anderem als »Hitlers Spionin«. Ihr Sohn, Franz Hohenlohe, verfasste über seine Mutter, zweifellos eine schillernde Figur, die ihr Leben lang

Marie Valeries soziales Engagement unter anderem im Roten Kreuz brachte der Habsburgerin den Beinamen »Engel von Wallsee« ein – im Ersten Weltkrieg ließ sie im Vorschloss von Wallsee sogar ein Lazarett errichten.

die Nähe der Mächtigen dieser Welt suchte, eine Biographie. Darin beschreibt er die Beziehung seiner Mutter zu Erzherzog Franz Salvator allerdings anders: »Der Erzherzog … hatte nie zu Steph's Verehrern gehört. Er war bereits mit Erzherzogin Valerie, der Tochter Kaiser Franz Josephs verheiratet. Obwohl er Steph's natürlichen Charme überaus erfrischend fand, hätte er als ergebener Ehemann und liebevoller Vater nicht einmal im Traum daran gedacht, wegen der jungen Prinzessin einen Narren aus sich zu machen …«[48]

Der Engel von Wallsee

Trotz ihres hohen Ranges trat Valerie stets bescheiden auf. Als Stephanie, die Witwe von Kronprinz Rudolf, im Jahr 1900 mit dem weit unter ihrem Rang stehenden Graf Elemér Lónyay eine zweite Ehe einging, entzog ihr der Kaiser die Protektorate, die sie bis dahin ausgeübt hatte. Mit jenem über das Rote Kreuz betraute er Valerie. Und diese fand darin eine neue, ganz ihrem Wesen entsprechende Aufgabe. Während des Ersten Weltkrieges richtete sie im Vorschloss von Wallsee sogar ein Lazarett ein. Dort begründete sie auch das »Marie Valerie Armenspital und Altersheim«. Im Laufe der Jahre finanzierte die fromme Erzherzogin auch zahlreiche Klöster und Kirchen wie das Sacre Cœur in Pressbaum, die Herz-Jesu-Kirche in Amstetten oder die Pfarrkirche von Bärnkopf. Mildtätigkeit und Herzensgüte zeigte sie auch in ihrer unmittelbaren Umgebung. Das trug ihr den Namen »Engel von Wallsee« ein.

Viel Zeit allerdings, Gutes zu tun, verblieb Valerie nicht. Im Jahr 1924 wurde bei ihr Lymphdrüsenkrebs festgestellt. Die Ärzte konnten nicht mehr helfen. Sie starb am 6. September im Kreise ihrer Familie. Franz Salvator heiratete 1934, zehn Jahre nach Valeries Tod, ein zweites Mal, Melanie von Risenfels. Er starb am 20. April 1939 in Wien.

Marie Valeries Kinder

ELISABETH FRANZISKA VON ÖSTERREICH-TOSKANA (1892–1930)

Die erstgeborene Tochter »Ella« heiratete 1912 Graf Georg von Waldburg zu Zeil und Hohenems. Der Kaiser gab die Zustimmung zu der nicht standesgemäßen Heirat. Das Paar lebte überaus glücklich auf Schloss Syrgenstein im Allgäu und hatte vier Kinder. Ella starb mit 38 Jahren an Lungenentzündung. Graf Waldburg heiratete ein zweites Mal – Ellas acht Jahre jüngere Schwester Gertrud. Mit ihr hatte er zwei weitere Kinder.

FRANZ KARL SALVATOR VON ÖSTERREICH-TOSKANA (1893–1918)

Er absolvierte seine Matura im Jesuitenkolleg Stella Matutina in Feldkirch und entschloss sich dann zu einer Karriere beim Militär. Nach der Militärakademie in Wiener Neustadt besuchte er die Militärakademie in Hainburg und wurde dort 1915 Pionierleutnant. Im Ersten Weltkrieg kämpfte er in Russland, Montenegro, Rumänien und vor Belgrad. Im Alter von 25 Jahren starb er an der Spanischen Grippe.

HUBERT SALVATOR VON ÖSTERREICH-TOSKANA (1894–1971)

Auch dieser Sohn Valeries maturierte im Jesuitenkolleg Stella Matutina in Feldkirch. Im Ersten Weltkrieg diente er zuerst als Oberleutnant und Rittmeister im Dragoner-Regiment Nr. 4 und dann beim 9. Gebirgsbrigadekommando in den Dolomiten. Im Herbst 1917 leitete er die von Kaiser Karl initiierte Orientmission. 1920 zum Dr. jur. promoviert, heiratete er 1926 in Westfalen Prinzessin Rosemary zu Salm-Salm. Das Paar hatte 13 Kinder.

HEDWIG VON ÖSTERREICH-TOSKANA (1896–1970)

Die Tochter, von der Valerie in ihrem Tagebuch notierte, sie sei die Einzige, die den gewissen Funken des Hauses Wittelsbach in sich habe, heiratete 1918 Graf Bernhard von Stolberg-Stolberg. Das Paar hatte neun Kinder. Als Hochzeitsgeschenk übertrug Valerie ihrer Tochter das Jagdschloss Kühtai in Tirol, das Kaiser Franz Joseph 1893 erworben hatte. Hedwig bewies nach dem Zweiten Weltkrieg Geschäftssinn. Sie beantragte einen ERP-Kredit zur Errichtung eines Skiliftes in der Nähe des Schlosses. Der Antrag wurde vom damaligen Handelsministerium mit der Begründung abgelehnt, eine derartige Investition sei unrentabel. Hedwigs Sohn Karl baute das Schloss wenige Jahre später zu einem Schlosshotel um, damit begann der Aufstieg von Kühtai zum höchst gelegenen Skiort Österreichs und zu einem Urlaubsort der Sonderklasse.

THEODOR SALVATOR VON ÖSTERREICH-TOSKANA (1899–1978)

Er heiratete 1926 Gräfin Maria Theresia von Waldburg-Zeil-Trauchburg, das Paar lebte auf Schloss Zeil im Allgäu und hatte vier Kinder. Nach dem Ersten Weltkrieg studierte er in Hohenheim und betätigte sich in Österreich als Diplomlandwirt und Historiker.

GERTRUD VON ÖSTERREICH-TOSKANA (1900–1962)

Sie heiratete 1931 den Witwer ihrer Schwester Ella, Graf Georg von Waldburg zu Zeil und Hohenems. Das Paar lebte auf Schloss Syrgenstein und hatte zwei Kinder.

MARIA VON ÖSTERREICH-TOSKANA (1901–1936)

Am selben Tag, nur ein Jahr nach ihrer Schwester Gertrud geboren, starb die begeisterte Sportlerin bereits mit 35 Jahren in Innsbruck.

CLEMENS SALVATOR VON ÖSTERREICH-TOSKANA (1904–1974)

Valeries »Sonnenschein« heiratete 1930 Gräfin Elisabeth Rességuier de Miremont. Das Paar hatte neun Kinder.

MATHILDE VON ÖSTERREICH-TOSKANA (1906–1991)

Sie heiratete im vorgerückten Alter von 41 Jahren den studierten Philosophen und Politiker der Nachkriegszeit DDr. Ernst Hefel. Er wurde 1945 in der ersten provisorischen Nachkriegsregierung unter Ernst Fischer Unterstaatssekretär für Kultur. Von 1949 bis 1954 war er in Rom Präsident des österreichischen Kulturinstituts. Das Paar lebte später in Salzburg.

AGNES (1911–1911)

Valeries zehntes Kind verstarb acht Stunden nach seiner Geburt.

Anmerkungen

1 Hellmut Andics: Die Frauen der Habsburger. ABC-Buchclub, Wien, S. 215.

2 Egon Caesar Conte Corti: Elisabeth. Die seltsame Frau. Verlag Anton Pustet, Graz/Salzburg/Wien 1934, S. 30.

3 Marie Festetics, 14. 6. 1873, zitiert aus Brigitte Hamann: Elisabeth. Kaiserin wider Willen. Amalthea Verlag, Wien/München 1997, S. 91.

4 Joan Haslip: Elisabeth von Österreich. Biederstein Verlag, München 1966, S. 94.

5 Joan Haslip: Elisabeth von Österreich. Biederstein Verlag, München 1966, S. 97.

6 Gerd Holler: Sophie. Die heimliche Kaiserin. Amalthea Verlag, Wien/München 1993, S. 316.

7 Franz Schnürer: Briefe Kaiser Franz Josefs an seine Mutter. Verlag Jos. Kösel & Friedr. Pustet, München 1930, S. 254.

8 Franz Schnürer: Briefe Kaiser Franz Josefs an seine Mutter, Verlag Jos. Kösel & Friedr. Pustet München 1930, S. 256.

9 Franz Schnürer: Briefe Kaiser Franz Josefs an seine Mutter. Verlag Jos. Kösel & Friedr. Pustet, München 1930, S. 256.

10 Franz Schnürer: Briefe Kaiser Franz Josefs an seine Mutter. Verlag Jos. Kösel & Friedr. Pustet, München 1930, S. 270.

11 Franz Schnürer: Briefe Kaiser Franz Josefs an seine Mutter. Verlag Jos. Kösel & Friedr. Pustet, München 1930, S. 270.

12 Franz Schnürer: Briefe Kaiser Franz Josefs an seine Mutter. Verlag Jos. Kösel & Friedr. Pustet, München 1930, S. 261.

13 Brigitte Hamann: Elisabeth. Kaiserin wider Willen. Amalthea Verlag, Wien/München 1997, S. 113.

14 Franz Schnürer: Briefe Kaiser Franz Josefs an seine Mutter. Verlag Jos. Kösel & Friedr. Pustet, München 1930, S. 280.

15 Friedrich Weissensteiner: Liebeshimmel und Ehehöllen. Verlag Styria, Graz/Wien/Köln 1999, S. 223.

16 Leopold Prinz von Bayern (1846–1930): Aus den Lebenserinnerungen. Hg. von Hans-Michael und Ingrid Körner, Verlag Friedrich Pustet, Regensburg 1983, S. 114.

17 Leopold Prinz von Bayern (1846–1930): Aus den Lebenserinnerungen. Hg. von Hans-Michael und Ingrid Körner, Verlag Friedrich Pustet, Regensburg 1983, S. 115.

18 Wiener Zeitung, 20. April 1873, Nr. 92, S. 1.

19 Neue Freie Presse, 21. April 1873, Nr. 3110, S. 2.

20 Neue Freie Presse, 21. April 1873, Nr. 3110, S. 2.

21 Marie Valerie von Österreich. Das Tagebuch der Lieblingstochter von Kaiserin Elisabeth. Hg. von Martha und Horst Schad, Piper Verlag, München 2005, S. 302.

22 Eigenhändiger Brief mit Unterschrift von Erzherzogin Gisela von Österreich, verh. Prinzessin von Bayern (1856–1932) an Joseph Latour von Thurmburg, Schönbrunn, 13. 9. 1898.
23 Wiener Zeitung, 22. August 1858, Nr. 192, S. 1.
24 Morgenpost, 23. August 1858, Nr. 231, S. 2.
25 Joan Haslip: Elisabeth von Österreich. Biederstein Verlag, München 1966, S. 244.
26 Brigitte Hamann (Hg.): Kronprinz Rudolf: Majestät, ich warne Sie ... Geheime und private Schriften, Wien/München 1979, S. 387–388.
27 Emil Franzel: Kronprinzen-Mythos und Mayerling-Legenden. Verlag Herold, Wien/München 1973, S. 84.
28 Egon Caesar Conte Corti: Elisabeth, die seltsame Frau. Verlag Anton Pustet, Graz/Salzburg/Wien 1934, S. 227.
29 Oskar Freiherr von Mitis: Das Leben des Kronprinzen Rudolf. Leipzig 1928, S. 31, zitiert aus Egon Caesar Conte Corti: Elisabeth, die seltsame Frau. Verlag Anton Pustet, Graz/Salzburg/Wien 1934, S. 296.
30 Jean-Paul Bled: Kronprinz Rudolf. Böhlau Verlag, Wien/Köln/Weimar 2006, S. 49.
31 Friedrich Weissensteiner: Frauen um Kronprinz Rudolf. Verlag Kremayr & Scheriau, Wien 1991, S. 220.
32 Marie Festetics: Tagebuch Gödöllő, 5. 11. 1879, zitiert nach Egon Caesar Conte Corti: Elisabeth, die seltsame Frau. Verlag Anton Pustet, Graz/Salzburg/Wien 1934, S. 311 f.
33 Prinzessin Stephanie von Belgien, Fürstin von Lónyay: Ich sollte Kaiserin werden. Koehler und Amelang, Leipzig 1935, S. 65.
34 Prinzessin Stephanie von Belgien, Fürstin von Lónyay: Ich sollte Kaiserin werden. Koehler und Amelang, Leipzig 1935, S. 82.
35 Prinzessin Stephanie von Belgien, Fürstin von Lónyay: Ich sollte Kaiserin werden. Koehler und Amelang, Leipzig 1935, S. 117.
36 Emil Franzel: Kronprinzen-Mythos und Mayerling-Legenden. Verlag Herold, Wien/München 1973, S. 31 f.
37 Hellmut Andics: Die Frauen der Habsburger. ABC-Buchclub, Wien, S. 304.
38 Wiener Sonn- und Montags-Zeitung, 4. Februar 1889.
39 Franz Schnürer: Briefe Kaiser Franz Josefs an seine Mutter. Verlag Jos. Kösel & Friedr. Pustet, München 1930, S. 367.
40 Wiener Zeitung, 23. April 1868, Nr. 97, S. 1.
41 Wiener Zeitung, 24. April 1868, Nr. 98, S. 1.
42 Friedrich Weissensteiner: Liebeshimmel und Ehehöllen. Styria, Graz/Wien/Köln 1999, S. 221.
43 Joan Haslip: Elisabeth von Österreich. Biederstein Verlag, München 1966, S. 246.
44 Marie Valerie von Österreich. Das Tagebuch der Lieblingstochter von Kaiserin Elisabeth. Hg. von Martha und Horst Schad, Piper Verlag, München/Zürich 2005, S. 165 f.
45 Marie Valerie von Österreich. Das Tagebuch der Lieblingstochter von Kaiserin Elisabeth. Hg. von Martha und Horst Schad, Piper Verlag, München/Zürich 2005, S. 242.
46 Marie Valerie von Österreich. Das Tagebuch der Lieblingstochter von Kaiserin Elisabeth. Hg. von Martha und Horst Schad, Piper Verlag, München/Zürich 2005, S. 285.
47 Rudolf Stoiber, Boris Celovsky: Stephanie von Hohenlohe. Sie liebte die Mächtigen der Welt. Herbig, München/Berlin 1988, S. 44 ff.
48 Franz zu Hohenlohe: Stephanie, das Leben meiner Mutter. Amalthea Verlag, Wien/München 1991, S. 23.